A União da Alma e dos Sentidos

A UNIÃO DA ALMA E DOS SENTIDOS

Integrando Ciência e Religião

Ken Wilber

Tradução:
AFONSO TEIXEIRA FILHO

EDITORA CULTRIX
São Paulo

Título original: *The Marriage of Sense and Soul.*

Copyright © 1998 Ken Wilber.

Todos os direitos reservados. Nenhuma parte deste livro pode ser reproduzida ou usada de qualquer forma ou por qualquer meio, eletrônico ou mecânico, inclusive fotocópias, gravações ou sistema de armazenamento em banco de dados, sem permissão por escrito, exceto nos casos de trechos curtos citados em resenhas críticas ou artigos de revistas.

A Editora Pensamento-Cultrix Ltda. não se responsabiliza por eventuais mudanças ocorridas nos endereços convencionais ou eletrônicos citados neste livro.

Dados Internacionais de Catalogação na Publicação (CIP)
(Câmara Brasileira do Livro, SP, Brasil)

Wilber, Ken
A união da alma e dos sentidos : integrando ciência e religião / Ken Wilber ; tradução Afonso Teixeira Filho. -- São Paulo : Cultrix, 2006.

Título original : The marriage of sense and soul.
3ª reimpr. da 1ª ed. de 2001.
ISBN 978-85-316-0703-5

1. Religião e ciência I. Título.

06-7225   CDD-215

Índices para catálogo sistemático:
1. Ciência e religião 215
2. Religião e ciência 215

O primeiro número à esquerda indica a edição, ou reedição, desta obra. A primeira dezena à direita indica o ano em que esta edição, ou reedição foi publicada.

Edição   Ano

4-5-6-7-8-9-10-11-12-13   07-08-09-10-11-12-13

Direitos de tradução para o Brasil
adquiridos com exclusividade pela
EDITORA PENSAMENTO-CULTRIX LTDA.
Rua Dr. Mário Vicente, 368 – 04270-000 – São Paulo, SP
Fone: 6166-9000 – Fax: 6166-9008
E-mail: pensamento@cultrix.com.br
http://www.pensamento-cultrix.com.br
que se reserva a propriedade literária desta tradução.

SUMÁRIO

Nota ao leitor 6

PARTE I: O Problema

1. O desafio do nosso tempo: integrar a ciência e a religião 11
2. Uma relação perigosa: a relação entre ciência e religião no mundo de hoje 20
3. Paradigmas: na direção errada 28
4. Modernidade: dignidade e fatalidade 39
5. Os quatro cantos do universo conhecido 52

PARTE II: Tentativas Anteriores de Integração

6. Encantar o mundo novamente 67
7. Romantismo: a volta às origens 75
8. Idealismo: o Deus que virá 84
9. Pós-modernismo: para desconstruir o mundo 94

PARTE III: A Reconciliação

10. Por dentro: uma visão de profundidade 111
11. O que é ciência? 119
12. O que é religião? 128
13. A espantosa exposição do espírito 137

PARTE IV: O Caminho à Frente

14. A grande holarquia no mundo pós-moderno 147
15. A agenda integral 158
Leituras complementares 167

NOTA AO LEITOR

Não há nada que cure os sentidos a não ser a alma, e nada que cure a alma a não ser os sentidos.
— OSCAR WILDE

É DIFÍCIL DETERMINAR com exatidão quando nasceu a ciência moderna. Muitos estudiosos estabelecem a data mais ou menos em 1600, quando tanto Kepler quanto Galileu começaram a usar medidas precisas para mapear o universo. Mas uma coisa é certa: qualquer que seja a data escolhida, a ciência moderna, desde o começo, e de muitas formas importantes, sempre esteve em oposição à religião estabelecida.

É claro que muitos dos primeiros cientistas continuaram crentes sinceros, abraçando verdadeiramente o Deus da Igreja; muitos deles acreditavam com sinceridade que estavam apenas descobrindo as leis arquetípicas de Deus, reveladas no livro da natureza. Apesar disso, com a introdução dos métodos científicos, liberava-se um ácido universal que vagarosa, inevitável e dolorosamente corroía o aço secular da religião, dissolvendo irreconhecivelmente todos os seus princípios e dogmas fundamentais. No decorrer de poucos séculos, seres humanos inteligentes, de todas as posições sociais, puderam fazer algo que teria estarrecido as gerações anteriores: negar a própria existência do Espírito.

Apesar das súplicas dos corações sensíveis de ambos os lados, a relação entre ciência e religião no mundo moderno, ou seja, nos últimos três ou quatro séculos, mudou muito pouco desde que elas se enfrentaram durante o julgamento de Galileu, em que o cientista consentiu em ficar de boca fechada e a Igreja concordou em não queimá-lo. À parte algumas exceções fantásticas, o fato histórico puro e simples consiste em que a ciência e a religião ortodoxas desconfiam uma da outra e por vezes até mesmo se desprezam mutuamente.

Esse tem sido um confronto nervoso, uma guerra fria filosófica de alcance mundial. Por um lado, a moderna ciência empírica tem feito descobertas colossais e espantosas: a cura de doenças como o tifo, a varíola e a malária, que assolavam o mundo antigo com terrores indescritíveis; a invenção de maravilhas, desde o aeroplano e a torre Eiffel até o ônibus espacial; descobertas nas ciências biológicas que chegaram quase aos próprios segredos da vida; avanços na informática que estão literalmente revolucionando a existência humana, sem falar na descida do homem na Lua. A ciência pode realizar tais feitos, conforme afirmam seus defensores, porque utiliza um método sólido para descobrir a *verdade*, um método que é empírico, experimental e baseado em evidências, e não um que se apóia em dogmas e em proclamações que não podem ser verificadas. Esses defensores acreditam que, dessa forma, a ciência fez mais descobertas para aliviar os sofrimentos, salvar vidas e adiantar os conhecimentos, do que qualquer religião com o seu deus lá no alto. A única salvação para o homem consiste em confiar na verdade científica e em seus avanços, e não numa projeção dos potenciais humanos num ilusório Tirano, diante do qual nos prostramos e ao qual suplicamos de maneira infantil e indigna.

Há algo estranho e curioso na verdade científica. Como explicam seus próprios advogados, a ciência é basicamente destituída de valores. Ela nos diz o que *é*, e não o que *poderia* ou o que *deveria ser*. Um elétron não é bom nem ruim, ele apenas *é*; o núcleo da célula não é bom nem ruim, ele apenas *é*; um sistema solar não é bom nem ruim, ele apenas *é*. Conseqüentemente, a ciência, ao elucidar ou descrever esses fatos básicos do universo, não nos diz absolutamente nada sobre o bem ou o mal, a sabedoria ou a tolice, o desejável ou o indesejável. A ciência pode nos proporcionar a verdade, mas sempre se calou quanto à forma de usá-la sabiamente. E nisso está certa, pois não é tarefa sua; ela não foi concebida para isso e certamente não podemos culpá-la pelo seu silêncio. O campo da ciência é a verdade, e não a sabedoria, o significado ou o valor.

Em meio a esse silêncio, a religião se manifesta. Os homens parecem estar condenados ao significado, condenados a buscar valores, profundidade, solicitude, preocupação e importância em sua existência diária. Se a ciência não puder, e não pode mesmo, proporcionar-lhes isso, a maioria dos homens irá procurá-lo em outra parte. Para bilhões de pessoas em todo o mundo, a religião representa o significado básico da vida, o amálgama de sua existência, e lhes dá um conjunto de diretrizes do que é bom, como por exemplo: amor, solicitude e compaixão; e do que não é: mentir, enganar, roubar e matar. Num nível mais profundo, a religião afirma oferecer os meios para entrar em contato ou comungar com uma definitiva Essência do Ser. Mas qualquer que seja o nome, a religião oferece aquilo que acredita ser a verdadeira *sabedoria*.

Fato e significado, verdade e sabedoria, ciência e religião. É uma coexistência grotesca entre a ciência, destituída de valores, e a religião, carregada de valores, ambas mutuamente desconfiadas e tentando agressivamente colonizar o mesmo pequeno planeta. É com certeza um embate de titãs, mas nenhuma das duas parece bastante forte para prevalecer decisivamente, nem suficientemente elegante para desistir. O julgamento de Galileu se repete sem cessar, a todo momento, em todo o mundo e está dividindo a humanidade ao meio.

Os tolos correm onde os anjos temem pisar e por isso o tema deste livro é a integração entre ciência e religião. Se você for um religioso ortodoxo, peço apenas que se deixe levar pela argumentação, para ver aonde ela o levará; creio que você não ficará desapontado. O primeiro pré-requisito para esse debate é o de que tanto a ciência quanto a religião concebam o debate em seus próprios termos. Para que esse casamento seja verdadeiro, deve contar com o consentimento de ambos os cônjuges.

Se você for um cientista ortodoxo, sugiro apenas que, da mesma maneira como fez milhares de vezes ao tratar de algum problema, deixe que a curiosidade e a admiração aflorem, mas, nesse caso, sem concentrar-se numa solução específica. Simplesmente deixe que o assombro preencha o seu ser até que consiga tirar você de dentro de si mesmo e levá-lo ao mistério desconcertante que é a existência do mundo, um mistério que apenas os fatos podem passar a preencher. Se o Espírito de fato existe, encontra-se nessa direção, a direção do espanto, uma direção que cruza o próprio coração da ciência.

E nessa aventura você descobrirá que o método científico jamais será abandonado na procura pela essência definitiva.

E todos nós sabemos até que ponto ficamos admirados, não sabemos? Das profundezas de um Cosmo miraculoso demais, no qual acreditamos; das alturas de um universo espantoso demais, ao qual adoramos; do interior de uma admiração sem limites, uma resposta começa a se mostrar e nos fala ao ouvido. Se ouvirmos atentamente, de dentro dessa veneração infinita, talvez ouçamos a promessa gentil de que, no coração do próprio Cosmo, tanto a ciência quanto a religião estarão presentes para nos dar as boas-vindas.

K.W.
Boulder, Colorado.

PARTE I

※

O Problema

1

O Desafio do Nosso Tempo: Integrar a Ciência e a Religião

NÃO HÁ, NO MUNDO MODERNO, nenhum tópico mais importante e atual do que a relação entre ciência e religião. A ciência é, indubitavelmente, um dos métodos mais profundos encontrados pelo homem para descobrir a *verdade*; ao passo que a religião ainda é a maior força produtora de *significação*. Verdade e sentido, ciência e religião: ainda não sabemos como juntá-los de maneira aceitável para *ambos*.

Reconciliar ciência e religião não é simplesmente uma curiosidade acadêmica passageira. Estas duas enormes forças, ou seja: verdade e significado, estão em guerra no mundo de hoje. A ciência moderna e a religião pré-moderna habitam agressivamente o mesmo planeta, cada qual competindo, à sua maneira, pelo domínio do mundo. Mais cedo ou mais tarde, uma delas terá de ceder.

A ciência e a tecnologia criaram uma estrutura global e multinacional de sistemas industriais, econômicos, médicos, científicos e de informação. Por mais benéficos que sejam esses sistemas, todos eles, em si, estão desprovidos de significado e de valor. Como seus próprios propositores lembram constantemente, a ciência nos diz o que *é* e não o que *deveria ser*. A ciência nos fala de átomos, moléculas, galáxias, dados digitais e sistemas de redes: ela nos diz o que alguma coisa é, mas não nos conta se ela é boa ou ruim, ou como ela poderia ou deveria ser. Assim, essa imensa infra-estrutura científica global é, em si mesma, um esqueleto sem valores, por mais funcionalmente eficaz que possa ser.

A religião entrou alegremente nesse colossal vácuo de valores. A ciência criou essa extraordinária estrutura mundial e global intrinsecamente destituída de valores. Mas, dentro dessa ubíqua moldura, bolsões subglobais de religiões pré-modernas têm criado valores e significado para bilhões de criaturas em todas as partes do mundo. E essas mesmas religiões pré-modernas muitas vezes negam validade à estrutura científica na qual elas vivem e que lhes proporciona a maior parte da medicina, da economia, das finanças, das redes de informações, dos transportes e das comunicações. O significado religioso tenta florescer dentro do esqueleto científico da verdade, muitas vezes negando a própria estrutura científica, o que equivale a serrar o galho no qual se está sentado.

A repulsa é mútua, pois a ciência moderna jubilosamente nega na prática todos os princípios básicos da religião em geral. De acordo com o típico ponto de vista da ciência moderna, a religião não passa de um remanescente da infância da humanidade, com a mesma realidade do Papai Noel, por exemplo. Quer as asserções religiosas sejam mais literais (Moisés abriu as águas do mar Vermelho), ou mais místicas (a religião envolve experiência espiritual direta), a ciência moderna nega todas elas, simplesmente porque não existem evidências empíricas confiáveis para nenhuma.

Assim é a bizarra estrutura do mundo de hoje: uma estrutura científica, que é global em seu alcance e onipresente por suas redes de informação e comunicação e que forma um esqueleto sem sentido, dentro do qual centenas de religiões subglobais e pré-modernas criam valores e significado para bilhões de pessoas. Mas ambas, ciência e religião, negam significado e até mesmo realidade, uma à outra. Isso constitui um cisma violento e uma ruptura nos órgãos internos da cultura global contemporânea e é exatamente por isso que muitos analistas sociais acreditam que, se não surgir algum tipo de reconciliação entre elas, o futuro da humanidade será, na melhor das hipóteses, precário.

O Que Entendemos por "Religião"?

O objetivo deste livro é sugerir como começar a pensar, tanto na ciência como na religião, de maneira a possibilitar que elas se reconciliem e até mesmo se integrem, *de forma aceitável para ambas as partes.*

É claro que reconciliar ciência com religião depende, em parte, do que consideramos "ciência" e "religião". Dedicaremos os capítulos 11, 12 e 13 exclusivamente a esse tópico. Enquanto isso, temos de levar alguns pontos em consideração.

Definir "religião" já é uma tarefa quase impossível, principalmente porque existem tantos tipos que é difícil identificar o que eles têm em comum, se é que o têm. Mas uma coisa é óbvia: muitos dos princípios específicos e centrais das grandes religiões do mundo *se contradizem mutuamente, mas, se não conseguirmos encontrar uma essência comum a todas as grandes religiões da humanidade, jamais conseguiremos a integração entre ciência e religião.*

Na verdade, se não encontrarmos uma essência comum, aceita em geral pela maioria das religiões, seremos forçados a escolher uma religião e negar a importância das demais; ou então teríamos de procurar princípios comuns entre as diversas crenças e, assim, alienar as suas próprias tradições. Jamais chegaríamos a integrar ciência e religião de forma aceitável por ambas as partes, pois a maioria das religiões rejeitaria o que foi feito às suas crenças para forçar essa reconciliação.

Não seria bom, por exemplo, como fizeram muitos criacionistas cristãos, sustentar que o *big-bang* indica que o universo é produto de um Deus criador pessoal, quando o budismo, uma das religiões mais profundas e influentes, nem sequer acredita num deus pessoal. Assim, não podemos usar o *big-bang* para integrar ciência e religião, a menos que primeiro encontremos uma forma de reconciliar o cristianismo com o budismo, e com as sabedorias tradicionais em geral. De outra forma, não estaremos integrando a ciência com a religião; estaremos simplesmente integrando uma versão estreita do cristianismo com uma das versões da ciência. Isso não mereceria o termo integração e certamente não é uma integração aceitável pelas outras religiões.

Portanto, aqueles que desejam defender uma forma de religião em particular — quer seja a de um deus patriarcal, a de uma grande deusa matriarcal, a de um cristianismo fundamentalista, um xintoísmo mitológico, uma eco-religião gaia, um islamismo fundamentalista — tomam, muitas vezes, desenvolvimentos científicos modernos para tentar mostrar que tais desenvolvimentos, apenas por acaso, encaixam-se numa generosa maneira de interpretar a sua religião em particular. Não será dessa maneira que trataremos do assunto. Pois o fato é que a reconciliação, longamente desejada, permanecerá mais sutil do que nunca, a menos que a ciência se mostre compatível com determinadas características comuns a *todas* as maiores tradições de sabedoria do mundo.

Assim, antes que possamos tentar integrar ciência e religião, temos de verificar se existe um fundamento comum entre as grandes tradições de sabedoria da humanidade. Essa essência comum teria de ser uma estrutura geral que, despojada de pormenores específicos e de conteúdos concretos, ainda fosse aceitável para a maioria das tradições religiosas, pelo menos abstratamente. Existe essa essência comum?

A resposta, aparentemente, é afirmativa.

A Grande Cadeia do Ser

Huston Smith, considerado uma das maiores autoridades em religião comparada, apontou, em seu maravilhoso livro *Forgotten Truth*, que praticamente todas as grandes tradições de sabedoria concordam na crença da Grande Cadeia do Ser. Smith não está sozinho nessa convicção. De Ananda Coomaraswamy a René Guénon, de Fritjof Schuon a Nicholas Berdyaev, de Michael Murphy a Roger Walsh, de Seyyed Nasr a Lex Hixon, a conclusão é a mesma: a essência da visão de mundo religiosa pré-moderna é a Grande Cadeia do Ser.

De acordo com essa visão quase universal, a realidade é uma rica tapeçaria de níveis entrelaçados, *abrangendo desde a matéria até o corpo, até a mente, até a alma, até o espírito*. Cada um dos níveis mais elevados "envolve" ou "abarca" dimensões menores como se fosse uma série de ninhos, dentro de ninhos, dentro de ninhos do Ser. Isso ocorre de tal maneira que cada coisa ou acontecimento no mundo esteja entrelaçado com cada um dos outros e todos estejam finalmente envolvidos pelo Espírito, por Deus, pela Deusa, pelo Tao, por Brahma, ou pelo próprio Absoluto.

Como Arthur Lovejoy demonstrou abundantemente em seu clássico tratado sobre a Grande Cadeia, essa visão da realidade tem sido de fato "a filosofia oficial dominante da maioria da humanidade civilizada ao longo da maior parte de sua história". A Grande Cadeia do Ser é a visão de mundo "adotada pela maioria das mentes especulativas mais sutis e pelos grandes mestres religiosos, tanto do Oriente quanto do Ocidente". Essa espantosa unanimidade de crenças religiosas profun-

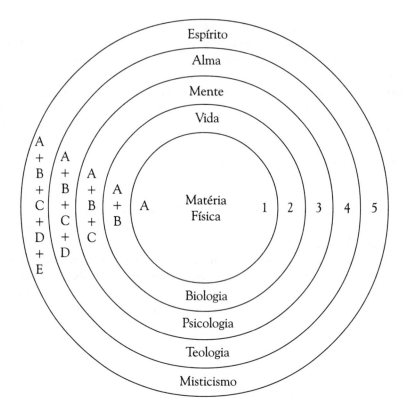

FIGURA 1-1 — O GRANDE NINHO DO SER

das levou Alan Watts a declarar categoricamente que: "Pouco percebemos a extrema peculiaridade da nossa própria posição e acreditamos ser difícil entender um fato simples que é um consenso filosófico de alcance universal, mantido pelas pessoas que relatam as mesmas visões e ensinam a mesma doutrina essencial, quer vivam hoje ou tenham vivido há seis mil anos, quer seja no Novo México, no extremo Ocidente ou no Japão, no extremo Oriente."

A Grande Cadeia do Ser — cuja denominação talvez não seja adequada, pois, como afirmei, a visão atual assemelha-se mais a um Grande Ninho do Ser, em que cada uma das dimensões maiores abarca ou envolve as menores — é uma situação muitas vezes descrita como de "transcendência e inclusão". O espírito transcende mas inclui a alma, a qual transcende mas inclui a mente, a qual transcende mas inclui o corpo vital, o qual, por sua vez, transcende mas inclui a matéria. Eis por que o Grande Ninho é mais adequadamente mostrado como uma série de esferas ou círculos concêntricos, como indicado na figura 1-1.

Isso não quer dizer que cada uma das tradições religiosas de tempos imemoriais tenha possuído exatamente esse esquema particular de matéria, corpo, mente, alma e espírito; houve consideráveis variações dentro dele. Algumas tradições possuíam apenas três níveis básicos no Grande Ninho, em geral corpo, mente e espírito. Como Chögyam Trungpa Rimpoche afirmou em *Shambhala: The Sacred Path of the Warrior*, essa hierarquia simples de corpo, mente e espírito foi, não obstante, a espinha dorsal até mesmo das primeiras tradições xamânicas, apresentada como hierarquia de terra, homem e céu. Esse esquema de três níveis reaparece nas noções hinduístas e budistas dos três grandes estados do ser: *grosseiro* (matéria e corpo), *sutil* (mente e alma) e *causal* (espírito). Por outro lado, muitas dessas tradições têm também extensas subdivisões do Grande Ninho, algumas vezes fragmentando-se em até cinco, sete, doze ou mais níveis e subníveis.

Mas o ponto básico permanece essencialmente o mesmo: a realidade é uma série de ninhos, dentro de ninhos, dentro de ninhos, abrangendo desde a matéria até o Espírito, com o resultado de que todos os seres e todos os níveis são, finalmente, envoltos no abraço penetrante e amoroso de um Espírito sempre presente.

Cada um dos níveis mais elevados do Grande Ninho, embora contenha os seus menores, possui qualidades emergentes não encontradas no nível secundário. Dessa forma, o corpo vital animal *contém* a matéria em sua composição, mas também *acrescenta* sensações, sentimentos e emoções, que não são encontrados nas pedras. Enquanto a mente humana *contém* emoções corporais em sua composição, também *acrescenta* faculdades cognitivas mais elevadas, como razão e lógica, que não são encontradas nas plantas ou em outros animais. E, enquanto a alma *contém* a mente em sua composição, ela também *acrescenta* cognições e afetos, como iluminação e visão arquetípicas, não encontradas na mente racional. E assim por diante.

Em suma, cada nível mais elevado possui as feições características de seus níveis inferiores, mas acrescenta elementos não encontrados nesses níveis. Ou seja, cada nível mais elevado *transcende* mas *contém* os seus inferiores. E isso significa que cada nível de realidade possui uma arquitetura diferente, por assim dizer.

Apenas por essa razão, cada nível de realidade, conforme as grandes tradições, associa-se a um ramo específico de conhecimento, indicados na figura 1-1: a física estuda a matéria; a biologia estuda os corpos vivos; a psicologia e a filosofia tratam da mente; a teologia estuda a alma e suas relações com Deus, e o misticismo estuda o Ente Supremo ou Vazio puro, a experiência radical do Espírito além de Deus e da alma.

Essa tem sido a visão de mundo predominante na maioria da história ou pré-história humanas, em uma variante ou outra. Ela é a espinha dorsal da "filosofia perene", o consenso quase universal sobre o real sustentada pela humanidade na maior parte de sua existência sobre a Terra. Isto é, até o surgimento da modernidade no Ocidente.

A Moderna Negação da Espiritualidade

Com o surgimento da modernidade no Ocidente, a Grande Cadeia do Ser desapareceu quase por completo. Como veremos, o Ocidente moderno, depois do Iluminismo, tornou-se a primeira grande civilização na história da humanidade a negar quase que totalmente a existência do Grande Ninho do Ser.

Em seu lugar apareceu uma concepção "plana" de um universo composto basicamente de matéria (ou matéria/energia), e esse universo material, que inclui corpos e mentes materiais, podia ser melhor estudado pela ciência, e apenas pela ciência. Assim, no lugar da Grande Cadeia que abrangia desde a matéria até Deus, havia a matéria e ponto final. E foi assim que a visão de mundo conhecida como *materialismo científico* tornou-se, no todo ou em parte, a filosofia oficial dominante do Ocidente moderno.

Muitos estudiosos de mentalidade religiosa notaram esse moderno "colapso" do Grande Ninho do Espírito e lamentam-no profundamente. Segundo eles, esse colapso deve ser atribuído a qualquer coisa, desde o paradigma newtoniano-cartesiano até a dominação patriarcal; desde a mercantilização capitalista dos valores até a agressão masculina contra a Deusa; desde o ódio à rede holística da vida e a desvalorização da natureza em favor das abstrações analíticas; desde a cobiça e luxúria materiais até a obsessão pelo ganho monetário. A lista das causas malévolas é praticamente infinita.

Por mais verdadeiras que possam ser essas explicações, nenhuma delas focaliza os problemas fundamentais. Como veremos, existem boas razões para que afirmemos que a Grande Cadeia, em sua forma tradicional, tenha desmoronado. O Grande Ninho do Espírito simplesmente não conseguiu resistir a algumas verdades inegáveis trazidas pela modernidade. Se quisermos integrar a religião pré-moderna com a ciência moderna, a verdade inerente a ambas as partes deve ser levada a essa união. A modernidade possui um grande quinhão de novas verdades e novas descobertas. Ela está longe de ser o Grande Satã.

Ao mesmo tempo, a ascensão da modernidade foi marcada por seus próprios problemas graves, entre os quais o grande terremoto cultural provocado pelo colapso do Grande Ninho do Espírito. O ser humano não estava mais envolvido pelo Espírito, estava submerso na matéria: um universo pouco estimulante.

E assim chegamos a um ponto crucial. Nosso objetivo é integrar a religião pré-moderna com a ciência moderna. Já vimos que a essência da religião pré-moderna é o Grande Ninho do Ser. Mas qual será precisamente a essência da modernidade? *Se estamos a ponto de integrar o pré-moderno com o moderno, e o pré-moderno é a Grande Cadeia, então o que significa o "moderno"?* A chave para essa integração, há tanto tempo desejada, talvez esteja nessa direção negligenciada.

O Que é a "Modernidade"?

O que especificamente a modernidade legou ao mundo que as culturas pré-modernas nunca tiveram? O que tornou a modernidade tão substancialmente *diferente* das culturas e épocas que a precederam? O que quer que tenha sido deve ser algo essencial para essa integração tão desejada.

Há muitas respostas para a pergunta: "O que é a modernidade?" A maioria delas é decididamente de caráter negativo. Diz-se que a modernidade marcou a morte de Deus, a morte da Deusa, a mercantilização da vida, o nivelamento das distinções qualitativas, as brutalidades do capitalismo, a substituição da qualidade pela quantidade, a perda dos valores e do sentido, a fragmentação da vida mundial, o terror existencial, um materialismo vulgar e desenfreado; tudo isso resumido na famosa frase de Max Weber: "desencanto do mundo."

Sem dúvida, há muito de verdade em todas essas alegações, e trataremos delas em pormenores. Mas certamente a modernidade tem aspectos muito positivos também, pois nos trouxe as democracias liberais; os ideais de igualdade, a liberdade e a justiça, independentemente de raça, credo ou gênero; a medicina, a física, a biologia e a química modernas; o fim da escravidão; o surgimento do feminismo; os direitos universais da humanidade. Tudo isso, certamente, é mais nobre do que um mero "desencanto do mundo".

Não. O que precisamos é de uma definição ou descrição específica de modernidade que leve em conta todos esses fatores, bons (como as democracias liberais) e ruins (como por exemplo a disseminada perda de significado). Alguns estudiosos, de Max Weber a Jürgen Habermas, afirmam que o que define especificamente a modernidade é algo chamado "distinção das esferas de valores culturais", que significa a distinção da arte, da moral e da ciência. Enquanto essas esferas anteriormente tendiam a se fundir, a modernidade as diferenciou e deixou que cada uma seguisse seu próprio caminho, com sua própria dignidade, usando seus próprios instrumentos e seguindo suas próprias descobertas, livres de intrusões por parte das outras esferas.

Essa diferenciação permitiu que cada esfera fizesse descobertas profundas, as quais, se usadas sabiamente, poderiam levar a resultados "bons", como a democracia, o fim da escravidão, o surgimento do feminismo e os rápidos avanços na medicina. Mas, se usadas sem critério, poderiam facilmente ser desvirtuadas e cair no "lado negro" da modernidade, como o imperialismo científico, o desencanto do mundo e os esquemas totalizantes de dominação mundial.

O brilhantismo dessa definição de modernidade, ou seja, que ela diferencia as esferas de valor da arte, da moral e da ciência, é que ela nos permite ver o que há por baixo tanto das boas novas quanto das ruins da modernidade. Essa definição, que ficará mais clara no decorrer dos próximos capítulos, leva-nos a compreender a *nobreza* e os *desastres* da modernidade, os quais analisaremos cuidadosamente.

As culturas pré-modernas certamente possuíam arte, moral e ciência. O problema é que essas esferas eram relativamente "indiferenciadas". Para dar apenas um exemplo, durante a Idade Média, Galileu não podia olhar livremente através do seu telescópio e relatar os resultados porque a arte, a moral e a ciência se fundiam na Igreja e, portanto, era a moral da Igreja que definia o que a ciência podia ou não podia fazer. A Bíblia dizia (ou insinuava) que o Sol girava em torno da Terra e ponto final.

Mas, com a diferenciação das esferas de valor, alguém como Galileu poderia olhar pelo seu telescópio sem medo de ser acusado de heresia e traição. A ciência tinha liberdade de procurar a própria verdade, livre da dominação brutal de outras esferas. O mesmo se daria com a arte e a moral: os artistas poderiam, sem medo de punição, pintar temas que não fossem religiosos ou até mesmo sacrílegos, caso desejassem. E a teoria moral estaria livre para buscar uma vida boa, de acordo com a Bíblia ou não.

Por todos esses motivos, e mais alguns, essas *diferenciações de modernidade* também eram conhecidas como a *nobreza* da modernidade, pois foram responsáveis, em parte, pelo surgimento da democracia liberal, pelo fim da escravidão e pelos desconcertantes avanços nas ciências médicas, para citar apenas algumas delas.

Como veremos, as "más notícias" da modernidade consistiam em que essas esferas de valores não se separavam amigavelmente, mas em geral rompiam relações por completo. As maravilhosas *diferenciações* da modernidade se transformavam em *dissociação*, fragmentação, alienação. A nobreza se tornou um desastre. O crescimento virou um câncer. À medida que as esferas de valores começavam a se dissociar, permitiam que uma ciência poderosa e agressiva começasse a invadir e a dominar as outras esferas e a impedir que a arte e a moral fossem levadas em conta pela "realidade" que se aproximava. A ciência se transformou em *cientificismo* — materialismo científico e imperialismo científico — que logo se tornaria a visão de mundo dominante e "oficial" da modernidade.

Foi esse materialismo científico que proclamou a desvalorização das outras esferas de valores, tornando-as "não-científicas", ilusórias ou coisa pior. E por essa mesma razão, foi o materialismo científico que declarou a *inexistência da Grande Cadeia do Ser*.

De acordo com o materialismo científico, o Grande Ninho de matéria, corpo, mente, alma e espírito, podia ser reduzido a sistemas de matéria apenas; e a matéria, quer no cérebro material, quer nos sistemas materiais de processos, responderia por toda a realidade, sem outro remanescente. Mente, alma e Espírito desapareceram, como na verdade desapareceu toda a Grande Cadeia, com exceção de seu lamentável degrau inferior. Em seu lugar, como tão bem lamentou Whitehead, permaneceu a realidade como "algo enfadonho, sem som, sem cheiro, sem cor, apenas a precipitação do material, incessantemente e sem sentido".

E foi assim que o moderno Ocidente tornou-se a primeira grande civilização, em toda a história da raça humana, a negar realidade substancial ao Grande Ninho do Ser. É nessa negação maciça e universal que tentaremos introduzir novamente a dimensão espiritual, mas em termos aceitáveis também para a ciência.

Conclusão

Integrar religião e ciência é integrar uma visão de mundo pré-moderna a outra moderna. Mas vimos que a essência da pré-modernidade é a Grande Cadeia do Ser, e a essência da modernidade é a diferenciação das esferas de valores da arte, da moral e da ciência. Assim, para integrar religião e ciência, temos de *integrar a Grande Cadeia com as diferenciações da modernidade*. Como veremos no próximo capítulo, isso significa que cada um dos níveis da tradicional Grande Cadeia precisa ser cuidadosamente diferenciado à luz da modernidade. Se conseguirmos fazer isso, estaremos satisfazendo a ambos: a reivindicação essencial da espiritualidade, ou seja, a Grande Cadeia; e a reivindicação essencial da modernidade, isto é, a diferenciação das esferas de valores.

Se essa integração for feita sem "trapaça", vale dizer, sem que a religião ou a ciência sejam esticadas e deformadas a ponto de ficarem irreconhecíveis, será uma integração que poderá realmente ser aceita por ambas as partes. Uma síntese assim juntaria o melhor da sabedoria pré-moderna com o brilhante conhecimento moderno, unindo a verdade e o sentido, de uma maneira ainda não alcançada pela mente moderna.

2

Uma Relação Perigosa: A Relação entre Ciência e Religião no Mundo de Hoje

COM O ADVENTO DA MODERNIDADE e o subseqüente colapso do Grande Ninho do Ser a ciência e a religião começaram a travar uma relação hostil. Talvez seja mais correto dizer que a ciência e a religião entraram em uma guerra feroz e complexa, uma guerra entre épocas, uma guerra entre mundos, uma guerra entre uma orientação pré-moderna e mitológica do universo e um olhar totalmente obstinado, moderno e racional em suas aspirações.

Na esteira da modernidade, ou seja, depois dos acontecimentos multifários geralmente associados ao Iluminismo do século XVIII — alguns ainda persistindo nos dias de hoje e que examinaremos no capítulo 4 — apareceram umas quatro ou cinco posturas principais em relação à ciência e à religião. Essas posições ainda existem e dominam a discussão entre ciência e espiritualidade. Todas elas apresentam limitações substanciais e até mesmo sérias, mas podemos aprender muito tanto dos seus pontos positivos quanto das suas fraquezas, contribuições e falhas. Compreender por que essas tentativas, quase que totalmente, fracassaram e continuam a fracassar ajudar-nos-á a identificar o que é necessário para esse difícil matrimônio.

1. A ciência nega qualquer validade à religião. Esse é o tratamento exemplar, empírico e positivista, que, sob inúmeras formas, tornou-se a disposição dominante e oficial da modernidade. Variações clássicas desse tema foram apresentadas por Auguste Comte, Sigmund Freud, Karl Marx e Bertrand Russell; mas podem ser resumidas assim: a religião é um remanescente da infância da humanidade, exatamente como a crença em fadas. É bom para as crianças, mas perigoso para os adultos e, caso as crenças religiosas persistam profundamente arraigadas em adultos, representarão um sintoma de patologia, falta de clareza lógica ou de autenticidade existencial. Não há exceções, pois Deus não existe. E Deus não existe porque a ciência registra aquilo que é real e nenhum microscópio ou telescópio mostrou até agora um "Deus".

2. A religião nega qualquer validade à ciência. Essa é uma resposta tipicamente fundamentalista à modernidade e é, em si mesma, um subproduto da modernidade.

De modo geral, as religiões clássicas *jamais* negaram a ciência; em primeiro lugar porque a ciência não constituía uma ameaça (apenas com a modernidade a ciência se tornou poderosa o bastante para matar Deus); e, em segundo lugar, porque a ciência sempre foi considerada um dos diversos modos válidos do saber, subserviente aos modos espirituais mas válida mesmo assim, e portanto não havia razão para negar a sua importância.

Ao mesmo tempo, deve-se notar que as ciências da antigüidade não eram tão impressionantes quanto aquelas que foram apresentadas por Newton, Galileu e Kepler. Dessa forma, não havia perigo de se transformar a ciência em uma nova religião positivista (foi exatamente o que fez Auguste Comte, o qual se ofereceu para ser, literalmente, o Papa do Positivismo).

De qualquer maneira, a ciência, no mundo pré-moderno, estava pouco inclinada a negar a religião e por isso não foi necessária uma força drástica para contrabalançá-la. Mas com o advento da modernidade e sua inerente afirmação de que todas as religiões eram resultados de fantasias infantis, muitas religiões fundamentalistas, especialmente o cristianismo e o islamismo, começaram a negar até mesmo os próprios fatos básicos da ciência: a evolução não existe; a Terra foi criada em seis dias literalmente; a datação através do método do carbono 14 é uma fraude, e assim por diante. Afirmou-se, por exemplo, que o extremismo dos fundamentalistas islâmicos não é um aspecto inerente ao Islã (que produziu algumas civilizações verdadeiramente gloriosas), mas antes o produto de uma reação selvagem à tentativa da modernidade de aterrorizar e aniquilar a espiritualidade em geral. Em seu pânico irracional, os fundamentalistas tornaram-se contraterroristas.

Isso não serve de desculpa para o terrorismo. Acredito que muitos dos sentimentos religiosos da humanidade, embora não todos, sejam de fato um remanescente infantil e que algum dia serão descartados. Nesse sentido, a maioria dos fundamentalistas se recusa a crescer cognitivamente. Mas isso indica a intensidade das emoções envolvidas nessa batalha da modernidade, nessa luta para encontrar um lugar tanto para a ciência quanto para a religião, verdade e sentido, lógica e Deus, fatos e Espírito, evidência e o eterno.

3. A ciência é apenas uma das diversas modalidades válidas de conhecimento e, portanto, pode coexistir pacificamente com as modalidades espirituais. Essa era a disposição geral da maioria das religiões clássicas da antigüidade. Na verdade, é apenas outra forma de descrever a Grande Cadeia do Ser e, conforme vimos na figura 1-1, ciência, teologia e misticismo tinham um importante e justo lugar no Grande Ninho do Ser.

Ainda que essa visão, conhecida em geral como *pluralismo epistemológico*, tenha sido a espinha dorsal das grandes tradições da sabedoria, ela desabou juntamente com a Grande Cadeia, da qual dependia. *Quando a modernidade rejeitou a Grande Cadeia, simultaneamente rejeitou o pluralismo epistemológico.* E a modernidade continua a rejeitar o pluralismo epistemológico em quaisquer de suas formas, pois ela decididamente ainda rejeita a Grande Cadeia.

Apesar disso, para os estudiosos, teóricos e leigos inteligentes que procuram explicar o universo de alguma forma holística ou abrangente, o pluralismo epistemológico ainda é uma das tentativas mais atraentes e sofisticadas para unir ciência e religião. A própria modernidade descartou esse ponto de vista. Mas aquilo que denominamos "contramodernidade" ou "contracultura" — apenas uma pequena porcentagem da população total, mas que procura desesperadamente uma forma de curar a fragmentação da modernidade — continua, apesar disso, a encarar o pluralismo epistemológico como um dos caminhos mais refinados e impetuosos por onde prosseguir.

A tradicional visão do pluralismo epistemológico teve talvez sua definição mais clara dada pelos místicos cristãos São Boaventura e Hugo de São Vítor: todo ser humano possui o olho da carne, o olho da mente e o olho da contemplação. Cada um desses modos de conhecimento revela sua própria dimensão correspondente do ser (grosseira, sutil e causal), e portanto é válido e importante quando se dirige ao seu próprio domínio. Isso nos dá um equilíbrio entre conhecimento empírico (ciência), conhecimento racional (lógico e matemático) e conhecimento espiritual (gnose).

É claro que os três olhos do conhecimento são apenas uma versão simplificada da Grande Cadeia do Ser universal. Se imaginamos uma Grande Cadeia com cinco níveis (matéria, corpo, mente, alma e espírito), o ser humano terá cinco olhos disponíveis para os mesmos (apreensão material, emoção corporal, idéias mentais, cognição arquetípica da alma e gnose espiritual). Da mesma forma, se a Grande Cadeia for dividida em doze níveis, teremos doze olhos, ou doze níveis de percepção e conhecimento.

Na verdade, Plotino — sem dúvida o maior filósofo-místico do mundo — atribuiu doze níveis à Grande Cadeia: matéria, vida, sensação, percepção, impulsos, imagens, conceitos, faculdade lógica, raciocínio criativo, alma do mundo, *nous* (emanação do divino) e o Um. A Tabela 2-1 mostra o Grande Ninho típico apresentado por Plotino e Sri Aurobindo, dois dos seus maiores representantes (a coincidência entre os dois é espantosa e bem típica).

Como quer que dividamos o grande bolo — três, cinco, doze ou mais camadas — o ser humano tem para eles pelo menos três tipos básicos de conhecimento: o olho da carne (empirismo), o olho da mente (racionalismo) e o olho da contemplação (misticismo), cada um dos quais é importante e válido quanto trata de seu próprio nível, mas gravemente confuso quando tenta enxergar os outros domínios. Essa é a essência do pluralismo epistemológico e, até aqui, perfeitamente válida.

Portanto, se a existência de todos os três olhos do conhecimento fossem um fato comumente aceito na modernidade, a relação entre ciência e religião, e sua coexistência pacífica, não seria um problema. A ciência empírica opinaria sobre os fatos apresentados pelo olho da carne, e a religião se pronunciaria sobre os fatos apresentados pelo olho do espírito (ou o olho da contemplação). Mas a principal corrente da modernidade nega totalmente a existência do olho do espírito. A modernidade reconhece apenas o olho da razão, ligado ao olho da carne; na frase de Whitehead, a visão de mundo dominante na modernidade é o *materialismo cien-*

Tabela 2-1 — O Grande Ninho, Conforme Plotino e Aurobindo

PLOTINO	AUROBINDO
O Absoluto (Divindade ou Ente Supremo)	Satchitananda/Supermente (Divindade ou Ente Supremo)
Nous (mente intuitiva) (sutil)	Mente intuitiva/Mente superior
Alma/alma do mundo (psiquismo)	Mente do mundo iluminado
Raciocínio criativo (visão/lógica)	Mente mais elevada/rede da mente
Faculdade lógica (formop)	Mente lógica
Conceitos e opiniões	Mente concreta (conop)
Imagens	Mente inferior (preop)
Prazer/dor (emoções)	Vital-emocional; impulso
Percepção	Percepção
Sensação	Sensação
Função de vida vegetativa	Vegetativo
Matéria	Matéria (físico)

tífico. Quer se trate da ciência holística da teoria dos sistemas, quer da física subatômica quântica, a ciência é o olho da razão, ligado às evidências oferecidas pelos sentidos empíricos. *Em nenhum caso, o olho da contemplação ou o olho do Espírito são exigidos...* ou mesmo admitidos.

A verdadeira dificuldade, portanto, não é mostrar como o empirismo, o racionalismo e o misticismo podem se encontrar na Grande Cadeia do Ser; nem mesmo é mostrar como podem se integrar harmoniosamente num grande espectro de consciência; tampouco é demonstrar que uma tal síntese é coerente e completa. Pois *isso*, de certa forma, é a parte mais fácil. Creio que todas essas declarações sejam verdadeiras. O difícil é que a modernidade *não aceita os níveis mais altos* (as modalidades transmental, transpessoal e contemplativa), e portanto *não vê necessidade* nenhuma de integração. Por que tentar integrar ciência e Papai Noel?

Assim, insistir num pluralismo epistemológico e nos diferentes olhos de conhecimento (ou modos de inquirição) é, na melhor das hipóteses, o primeiro passo. O verdadeiro problema é que, para começar, a modernidade não aceita os termos a serem integrados. Dessa forma, teremos de encontrar outro caminho para o seio da modernidade se quisermos que se dê a integração da ciência com a religião no Ocidente.

4. A ciência pode oferecer "argumentos plausíveis" para a existência do Espírito. Essa é uma variação do pluralismo epistemológico. Todavia, por ter despertado muito interesse recentemente, tanto entre profissionais quanto entre leigos, será discutida separadamente. A idéia é que, conforme a ciência empírica invade os segredos mais profundos do mundo físico, ela descobre fatos e dados que exigem um tipo de Inteligência que transcenda o domínio material.

Um exemplo típico é o *big-bang*: De onde veio *essa coisa*? Uma vez que até o plasma material mais primitivo parece obedecer a leis matemáticas que não surgiram com o *big-bang*, será que essas leis já não existiam "na mente de algum Espírito eterno", como sugeriu *sir* Arthur Eddington, repetindo Berkeley? Todos concordam que essas leis existiam antes do surgimento do espaço e do tempo. Assim, a resposta à pergunta: "O que existia antes do *big-bang*?" bem poderia ser: Um *Logos imaterial que governava os padrões da criação*, que muitos chamariam simplesmente de Deus. E a argumentação prossegue afirmando que, uma vez que a ciência descobriu o *big-bang*, a própria ciência aponta para Deus.

Esse argumento possui inúmeras versões, a maioria das quais consiste em variantes do tradicional *argumento do desígnio*, ou seja, que desígnios naturais incrivelmente inteligentes pressupõem a existência de Alguma Coisa incrivelmente inteligente por trás dos mesmos. Esse é um velho raciocínio, que remonta pelo menos à Grécia Antiga, e que tem sido, de maneira provocadora, ligado aos avanços recentes da ciência, principalmente às teorias quântica, da relatividade, dos sistemas e da complexidade.

Essa maneira de encarar o problema talvez seja a forma mais simples e popular pela qual a contramodernidade alienada tenta integrar ciência e religião. Ela é encontrada em todo lugar, desde *The Tao of Physics*, que afirma que a física moderna apresenta uma visão de mundo similar à do misticismo oriental, aos escritos de Paul Davies, como por exemplo *The Mind of God*, que proclama que: "Por meio da ciência podemos realmente penetrar na mente de Deus"; do Princípio Antrópico, que diz que a evolução do ser humano é tão improvável que o universo devia estar sabendo o que fazia, desde o começo; ao "novo paradigma holístico", que sustenta que a teoria dos sistemas está demonstrando a mesma grande rede de vida na qual acreditam as tradições espirituais holísticas.

Tenho certa simpatia por esses argumentos de plausibilidade. Eles são sugestivos, indicativos e, certamente, divertidos. Infelizmente, nenhum deles resiste à filosofia crítica de, digamos um Immanuel Kant ou de um gênio budista como Nagarjuna, os quais revelaram os limites da racionalidade em face do Divino. Se o profundamente espiritual Nagarjuna não se deixou influenciar por esses argumentos plausíveis, como eles poderiam convencer uma pessoa não espiritual? É por isso que a grande maioria dos cientistas, bem como a própria modernidade, aceita esses "argumentos" com um leve interesse na melhor das hipóteses, e ridicularizando-as na pior.

O verdadeiro problema com esses argumentos de plausibilidade racionais, mentais ou lingüísticos, é que são *tentativas de se usar o olho da mente para ver aquilo que só pode ser visto com o olho da contemplação*. Essa confusão de níveis, chamada de "erro de categoria", é particularmente fatal quando se trata de "argumentos" para provar a existência do Espírito. Foram exatamente essas tentativas, inadequadas e totalmente dissuasivas, de se invadir o palácio espiritual, que fizeram com que a modernidade olhasse com desconfiança para todas as pretensões de se provar a existência de Deus. Esses argumentos e "provas" simplesmente não seduzem a mente moderna; quanto à mente espiritual, são inerentemente inadequadas, de qualquer forma. Portanto, em nenhum caso esses argumentos apresentam aquilo que desejam apresentar, ou seja: algum tipo de conhecimento espiritual.

É típica a resposta de Martin Gardner a esses argumentos. Referindo-se ao Princípio Antrópico, Gardner mostra que, para seus seguidores, esse princípio aparece de quatro formas sucessivas, cada um mais enfático do que o anterior: o Princípio Antrópico Fraco (*Weak Anthropic Principle* — WAP), segundo o qual o universo permite a nossa existência; o Princípio Antrópico Forte (*Strong Anthropic Principle* — SAP): a existência da vida explica as leis do universo; o Princípio Antrópico Participativo (*Participatory Anthropic Principle* — PAP), que afirma que são necessários observadores conscientes para que o universo exista; e finalmente o Princípio Antrópico Final (*Final Anthropic Principle* — FAP): se a vida ou a consciência acabarem, o universo há de se evaporar.

Falando do ponto de vista da modernidade, Gardner acrescenta a essa lista o Princípio Antrópico Completamente Ridículo (*Completely Ridiculous Anthropic Principle* — CRAP):[1] qualquer tolo que acredite num dos quatro primeiros.

5. A ciência, em si mesma, não é o conhecimento do mundo mas apenas uma interpretação do mesmo e portanto tem a mesma validade, nem mais nem menos, do que a poesia e as artes. Uma vez que a ciência se recusou a tomar o seu lugar como uma entre outras modalidades válidas de conhecimento, essa forma de encarar o assunto tentou abalar a ciência em seus fundamentos. É como se derrubasse a ciência para poder proclamar: "Pronto! Agora somos iguais."

Está claro que esse ponto de vista é a essência do pós-modernismo, o qual afirma, na verdade, que o mundo não é *percebido*, mas apenas *interpretado*. Interpretações diferentes são formas igualmente válidas de dar sentido ao mundo; portanto, nenhuma interpretação é melhor do que as outras. A ciência não é uma concepção privilegiada do mundo mas apenas uma entre as muitas interpretações equivalentes. A ciência não oferece "verdade", mas simplesmente sua própria reivindicação favorita. A ciência não é um conjunto de fatos universais, mas apenas uma imposição arbitrária de seus próprios impulsos de poder. E, em todos os casos, a ciência não está mais ancorada na realidade de qualquer outra interpretação, de forma que, epistemologicamente falando, há pouca diferença entre ciência e poesia, lógica e literatura, história e mitologia, fato e ficção.

Essa visão pós-moderna prossegue afirmando que a ciência não é governada, portanto, por *fatos*, mas sim por *paradigmas*, e os paradigmas não são mais do que construções próprias para essas circunstâncias ou interpretações livres. Como veremos no próximo capítulo, a noção de que a ciência é governada por paradigmas foi popularizada por Thomas Kuhn, em seu já famoso livro *The Structure of Scientific Revolutions*, que os pós-modernistas adotaram ardorosamente. Mas não foi bem assim que Kuhn definiu ou descreveu os paradigmas, e denunciou em vão esse abuso de sua obra. Mas, segundo essa interpretação errônea de "paradigma", a ciência

---

1. *Crap*, em inglês, significa "besteira". (N. do T.)

não se conforma aos fatos, ela simplesmente impõe seus paradigmas ao mundo em geral. Uma vez que não existem fatos independentes, apenas interpretações, segundo essa explicação segue-se que a ciência é sempre levada por algum tipo de poder ou ideologia: a ciência em si mesma é machista, racista, etnocêntrica e imperialista; que impõe brutalmente suas interpretações analíticas e segregacionistas a um mundo inocente e relutante. E ela não tem mais autoridade nem validade final do que qualquer outra interpretação poética.

Ciência reduzida a poesia: *essa é agora a rota dominante tomada pelo mundo da contracultura, numa tentativa de reduzir o monstro da ciência a proporções controláveis.* O ataque pós-moderno à ciência, que tenta abalar suas fundações epistemológicas, é o modelo reinante de como "neutralizar" a ciência no mundo pós-moderno.

É crucial compreender essa tentativa pós-moderna de derrubar a ciência e, conseqüentemente, abrir espaço para "outros paradigmas", quer sejam a poesia, a religião, o misticismo, a astrologia, o holismo, o pós-estruturalismo, o neopaganismo ou outra coisa qualquer. Com exceção de seus importantes momentos de verdade, que focalizaremos mais adiante, toda essa tentativa pós-moderna é, apesar disso, profundamente mal orientada e confusa. Na tentativa de eliminar a ciência, ela simplesmente aniquila aquilo que deveria estar integrando. Ela nega aquilo que deveria ser incorporado e sabota o casamento desejado, matando um dos nubentes.

Todavia, esse empenho pós-moderno de ver a ciência como paradigmática e assim postular um "novo paradigma" está no cerne de todas as formas alternativas, contraculturais e "neoparadigmáticas" de se encarar a ciência e a religião. A idéia é que a ciência está passando por uma mudança de paradigma de proporções monumentais e esse novo paradigma é, de fato, calibrável com as realidades espirituais. Afirma-se que o "novo paradigma" reunirá, portanto, ciência e religião pela primeira vez na História, anunciando, assim, o início de uma nova transformação de alcance global, que marcará o começo de um mundo holístico e unificado em todas as formas de vida.

E tudo isso baseado, como veremos, numa interpretação completamente errônea de Thomas Kuhn.

Uma Solução Possível

Nos próximos capítulos demonstrarei que todas essas cinco posturas relacionadas com ciência e religião, bem como sua possível integração, são inadequadas. As duas primeiras: "A ciência nega a religião" e "A religião nega a ciência", obviamente não são integradoras. As outras três: pluralismo epistemológico, argumentos plausíveis e paradigma pós-moderno, não se mostraram fortes o suficiente para integrar ciência e religião de maneira aceitável para *ambas* as partes.

Vimos que a única maneira possível para unir ciência e religião é integrando a Grande Cadeia às grandes diferenciações da modernidade. *É nessa integração específica que todas as posições começam a cair*, mas é esse ponto de vista que possivelmente contém a solução central.

Como exemplo, vejamos o pluralismo epistemológico, o qual, como sabemos, é de longe a mais sofisticada das alternativas. Na visão tradicional do pluralismo epistemológico, a ciência está localizada no degrau mais baixo da grande hierarquia. Segundo esse ponto de vista, lembremo-nos, a ciência nos mostra os fatos através dos sentidos (o olho da carne). Acima dela estão a arte, a moral e a lógica dos reinos mentais (o olho da mente) e, acima de tudo, a religião e o misticismo, no domínio espiritual (o olho da contemplação). A ciência está relegada ao homem mais baixo do totem, um papel que a ciência moderna se recusa aceitar, e não aceitará mesmo, e é por isso que o pluralismo epistemológico não adquire o respeito e a cooperação da ciência moderna.

Mas, numa integração mais sofisticada, *cada um desses níveis* (sensorial, mental e espiritual) *também está dividido conforme as diferenciações da modernidade* (arte, moral e ciência). Dessa forma, falando superficialmente para começar, existem arte, moral e ciência do domínio sensorial, arte, moral e ciência do domínio mental e arte, moral e ciência do domínio espiritual.

Caso seja plausível, é exatamente esse tipo de síntese que irá, de fato, satisfazer tanto à asserção central da espiritualidade (ou seja, a Grande Cadeia), quanto à asserção central da modernidade (isto é, a diferenciação das esferas de valores).

Aqui, a ciência, longe de ser o degrau inferior, tem um papel importante para atingir cada um dos níveis da Grande Cadeia, desde o mais baixo até o mais alto (ciência sensorial, ciência mental e ciência espiritual). Isso não quer dizer que a espiritualidade começa onde a ciência termina, mas que ambas concorrem para desenvolver a Grande Cadeia. A ciência não está *embaixo*, mas *ao lado*, e isso dará uma nova orientação à procura do conhecimento, colocando o pré-moderno e o moderno em pé de igualdade na busca pelo real e assim reunindo a ciência e a religião num abraço mais íntimo.

3

Paradigmas: na Direção Errada

DE TODAS AS TENTATIVAS anteriores para integrar a ciência à religião, a mais influente e contagiosa, pelo menos entre a contracultura e boa parte dos acadêmicos, é a do *paradigma pós-moderno*, ou seja, a noção de que a ciência, na verdade, é governada por "paradigmas" e um paradigma é simplesmente uma das muitas interpretações possíveis da realidade, não mais constringente do que qualquer outra. Uma vez que se afirma que os paradigmas são construídos culturalmente e não descobertos, a autoridade da ciência é dramaticamente solapada e isso, segundo se pressupõe, abre espaço para um "novo paradigma", que seria compatível com uma visão de mundo espiritual ou holística.

Embora se suponha que esse entendimento sobre o "novo paradigma" virá por fim a integrar as realidades científicas e espirituais, na verdade ele impede totalmente qualquer integração efetiva entre a ciência e a religião. Para compreender por que isso acontece, temos de voltar a Thomas Kuhn e ao estranhíssimo caso de sua aceitação pela contracultura.

Embora dediquemos a Parte II a rever as tentativas anteriores de integrar ciência e religião, inclusive a do paradigma pós-moderno, será necessário que analisemos logo essa concepção, pelo simples fato de que ela domina completamente o atual debate sobre ciência e religião. Esse domínio é tão grande que a maioria das pessoas, quando ouve falar em "integrar ciência e religião", imediatamente pensa em um "novo paradigma".

Veremos neste capítulo porque ele é um beco sem saída.

A Interpretação Errônea de Thomas Kuhn

The Structure of Scientific Revolutions, de Thomas Kuhn, foi publicado em 1962, e logo se tornou, por razões boas e ruins, o livro mais influente sobre a filosofia da ciência jamais escrito, bem como a obra acadêmica mais citada nos últimos tempos. Por razões que se tornarão óbvias, esse livro quase não influenciou os *historiadores* da ciência, mas dominou as discussões sobre a *filosofia* da ciência e, ironicamente, tornou-se talvez o livro *mal interpretado* mais influente do século XX. Grande parte de sua popularidade adveio de um mal-entendido extenso e maciço de suas conclusões fundamentais; mal-entendido esse que, alguns historiadores concordam agora, derivou em grande parte da predisposição narcisista da "Geração EU" dos anos sessenta. Como esse narcisismo conseguiu distorcer a obra de Kuhn, já é em si um paradigma dos nossos tempos e um alerta para todos os que desejam entrar no jogo da "ciência e religião".

As distorções de Kuhn tornaram-se tão comuns que os estudiosos sérios não têm dificuldade em citar o popular mal-entendido da noção de "paradigma". Eis como Frederick Crews explica essa típica visão enganosa: "Kuhn, dizem, demonstrou que dois pretensos paradigmas, ou teorias dominantes principais quaisquer, são incomensuráveis; ou seja, eles representarão universos de percepção e explicações diferentes. Por causa disso, não há como comparar os seus méritos, e uma das teorias prevalecerá por razões estritamente sociológicas e nunca empíricas. A teoria vencedora será aquela que melhor convier aos temperamentos ou aos interesses do momento, como ideologias, classes, preconceitos, gêneros, raças, poder, etc.; em outras palavras, androcêntricos, etnocêntricos, falocêntricos, eurocêntricos, antropocêntricos, e assim por diante. Segue-se que os intelectuais, que anteriormente tremiam diante do olhar desaprovador dos positivistas, agora podem propor seus próprios 'paradigmas kuhnianos revolucionários' abrangentes, desafiando todo e qualquer consenso disciplinador que não seja do seu agrado..."

Essa é, na verdade, a típica interpretação de Kuhn. Crews chama essa denominação de "teorismo", pois é uma visão que se perde no meio da mera teoria abstrata divorciada de *evidências* reais. E ele aponta para o óbvio: "Pode-se avaliar a força emocional do 'teorismo' pela distância que essa interpretação tem daquilo que Kuhn realmente afirmou."

A idéia era de que, uma vez que os "paradigmas" governam a ciência, se você não gosta da visão de mundo dela, simplesmente imagine um novo paradigma para si mesmo, e é aqui que o "narcisismo" entra em campo. Uma vez que os paradigmas não se baseiam em fatos e evidências verdadeiros, segundo se alega, mas, ao contrário, criam esses fatos, não temos de ficar presos à autoridade da ciência em nenhuma forma fundamental. Em vez disso, a ciência se torna apenas mais uma entre as diferentes leituras do texto do mundo, sem mais autoridade real do que a poesia, a astrologia ou a quiromancia: todas são interpretações igualmente legítimas da confusão florescente e alvoroçada da experiência.

Esse popular mal-entendido de Kuhn, esse "teorismo" também significa que a ciência era presumivelmente *arbitrária* (ela seria o resultado não da evidência real mas de uma estrutura de poder imposta), *relativa* (ela não revelaria nada de verdadeiramente constante na realidade, mas simplesmente coisas relativas à imposição científica do poder), *socialmente construída* (não seria um mapa correspondente a uma realidade verdadeira, mas uma construção baseada em convenções sociais), *interpretativa* (ela não revelaria nada de fundamental sobre a realidade, mas seria simplesmente uma entre as muitas interpretações do texto do mundo), *carregada de poder* (ela não se baseria em fatos neutros; ela não seria dominada por fatos, mas simplesmente dominaria as pessoas, geralmente por motivos etnocêntricos e androcêntricos), e *não-progressista* (uma vez que a ciência procede de rupturas e de quebras, não poderia haver progresso cumulativo em nenhuma das ciências).

Kuhn não confirmava nenhuma dessas visões. Na verdade, ele era contra a maioria delas. Mas, aquilo que Crews chamou tão acertadamente *força emocional* da idéia mal-interpretada, já havia se arraigado: imaginem que podemos abandonar a camisa-de-força da ciência e das evidências apenas propondo um novo paradigma ("apenas propondo" = "teorismo"; e isso, conforme aponta o próprio Crews, baseava-se no desenfreado narcisismo dos anos da década de 1960).

Uma pequena lista dos pretendentes ao "novo paradigma" conteria a neo-astrologia, o ecofeminismo, a ecologia profunda, os estados alterados de consciência, o eu-quântico, a sociedade quântica, a teoria dos sistemas, a filosofia de processos, os estados incomuns de consciência, a saúde holística, a consciência ecológica global, o pós-estruturalismo pós-moderno, a psicoterapia quântica, a desconstrução, a psicologia neojunguiana, a canalização, a consciência indígena tribal pré-moderna, o neopaganismo, a Wicca, a quiromancia e a Internet.

Kuhn observava isso com crescente alarme e fez uma série de advertências vigorosas no sentido de reduzir o estrago, mas sem resultado. A maior parte das pessoas que falavam em "paradigma" e citavam Kuhn nem mesmo sabiam que ele próprio havia abandonado o termo. A ciência é realmente relativa, arbitrária e não-progressista? Kuhn responde exasperado: "Teorias científicas mais recentes são melhores do que as mais antigas para resolver enigmas nos ambientes geralmente diferentes aos quais são aplicadas. Essa não é uma posição de um relativista mas a daquele que acredita piamente no progresso científico." Obviamente, não podemos ter um *progresso* científico real se os paradigmas são arbitrários, incomensuráveis ou relativos, e nenhum deles é intrinsecamente melhor do que os demais.

Então, o que Kuhn entendia por "paradigma" e qual era a "estrutura" das revoluções científicas? Nada tão dramático quanto proclamava o teorismo pós-moderno. Para começar, Kuhn não delineou apenas três ou quatro desvios de paradigmas na história da ciência moderna, mas *centenas deles*. Ian Hacking resume a opinião vigente: "*The Structure of Scientific Revolutions* trata de centenas de revoluções que supostamente ocorrem em diversas disciplinas e que envolvem tipicamente trabalhos de pesquisa, na primeira instância, de pelo menos cerca de uma centena de investigadores. A revolução química de Lavoisier é uma delas, como também o são a descoberta dos raios X por Roentgen, a célula voltaica ou pilha de 1800, a primeira quantificação da energia e numerosos desenvolvimentos na história da termodinâmica."

Em outras palavras, quase todas as novas descobertas que produziram novos dados eram novos paradigmas, o que explica porque a pilha era um novo paradigma. A própria palavra "paradigma" carrega dois grandes componentes, que podemos chamar de "prático" e "social". Kuhn "usou a palavra paradigma para denotar tanto as soluções estabelecidas e admiradas que servem de modelo de como praticar a ciência (esse é o componente prático, um conjunto de experimentos ou injunções exemplares), como também a estrutura social local que mantém esses padrões no lugar, por meio de ensinamentos, recompensas e outras coisas semelhantes (ou seja, o componente social que também é um conjunto de injunções ou práticas sociais). Misteriosamente, a palavra ganhou destaque e agora parece ser um componente-padrão do vocabulário de qualquer um que escreva sobre ciência, com exceção do próprio Kuhn, que a rejeitou... No momento, ela é uma metáfora extinta."

Paradigmas Reais

O que não se extinguiu — e o que Kuhn não repudiava — foi o fato de a ciência estar fundamentada em *injunções*, exemplares e práticas sociais. A ciência não é apenas um reflexo inocente de um mundo previamente determinado, antes revela dados através de injunções ou exemplares ("exemplar" é a palavra que Kuhn usou para alternar com "paradigma"). Ambos os componentes do paradigma (práticos e sociais) *estão baseados em injunções*, em práticas reais, o que explica por que qualquer experiência original que tenha produzido novos dados é considerada como uma revolução ou um "novo paradigma". Esse é o motivo pelo qual Kuhn registrou centenas de revoluções ou novos paradigmas, entre eles o raio X e a pilha.

Mas nenhum desses novos paradigmas era apenas teórico (isso constituiria um "teorismo"). Pelo contrário, eles se apoiavam em *provas* que poderiam ser apresentadas e reproduzidas junto com o dito exemplar, paradigma ou injunção. Eis o motivo pelo qual o uso mais comum de "paradigma" por Kuhn era como "reinstrumentação de operações, com importantes conseqüências para a prática da pesquisa", ou, em outras palavras, injunções concretas específicas. E é exatamente por isso que a ciência pode mostrar um *progresso* real, e realmente o faz: as injunções, exemplares ou paradigmas revelam evidências reais; elas não as fabricam com base em meras convenções. Segundo Crews: "Kuhn de fato acredita fervorosamente no progresso científico, o qual, argumenta ele, só pode ocorrer depois que uma determinada especialidade tenha passado do estádio que ele chama de 'proliferação de teorias' e 'crítica incessante e luta contínua por um novo começo'. Kuhn jamais achou que 'incomensurabilidade' significasse que teorias concorrentes fossem incomparáveis, mas apenas que a escolha por cima delas não deve ser totalmente consignada ao veredicto de regras e dados teoricamente neutros. As transições entre paradigmas — que, em todos os casos, são meras *soluções de problemas e não teorias amplas...* — devem ser feitas, na verdade... através de 'desvios de configuração', mas a racionalidade da ciência não é ameaçada por elas. Kuhn indagou, e continuava a insistir, cada vez mais atônito com a irracionalidade do seu fã clube: 'Que critério melhor poderia existir do que a decisão do grupo científico?'"

Os teóricos do "novo paradigma" de todos os tipos, surpreendentemente citando Kuhn, respondiam: "O meu novo paradigma." Essa espalhafatosa má interpretação de Kuhn tirou de cena as provas da verdade, e todos os projetos egocêntricos imagináveis correram para ocupar o vazio. A ciência foi reduzida a entulho ou, mais precisamente, a poesia. De forma típica, Howard Felperin declarou, e foi imitado em milhares de teorias de "novos paradigmas", "nova era" e "transformacionais": "A própria ciência reconhece que os seus métodos, em última análise, não são mais objetivos do que os das artes." A ciência e a poesia estão exatamente no mesmo pé, epistemologicamente falando, e isso nos permite desconstruir a autoridade da ciência logo de saída, abrindo caminho para qualquer religião que desejemos.

O Cenário Pós-moderno: Niilismo e Narcisismo

Depois que essa imensa distorção se estabeleceu, pensadores americanos do "novo paradigma" começaram a relacionar essa noção errônea a todos os tipos de jogos de salão. Essa impalatável mistura de má interpretação "kuhniana" e pós-estruturalismo pós-moderno veio a dominar tudo, desde o novo historicismo aos renovadores tribais pré-modernos, das ecofilosofias pós-modernas e ao "novo paradigma holístico", passando pelos estudos culturais em geral. Uma vez que não é mais necessário basear-se em fatos e em evidências, as palavras de ordem são tratadas como fatos, como observou vigorosamente um crítico: "Nos estudos humanos de hoje, assume-se em geral que as posições declaradas (...) pelo pós-estruturalismo são descobertas permanentemente valiosas que não exigem posteriores investigações. É por essa razão que muitas vezes nos deparamos com declarações como: 'A desconstrução nos mostrou que jamais podemos sair de cena no jogo dos significados'; 'Lacan demonstrou que o inconsciente é estruturado como uma linguagem'; 'Depois de Althusser, todos podemos entender que a posição mais ideológica é aquela que tenta fixar os limites além dos quais a ideologia não se aplica'; 'Não pode haver retorno às distinções pré-foucauldianas entre verdade e poder'. Tanto servilismo constitui um irônico complemento do positivismo; um amontoado, não de porções factuais, mas de palavras de ordem de movimentos que são tratados como fatos."

Tudo isso horrorizava Kuhn. No entanto, como observa Crews, "nada do que Kuhn pudesse declarar, todavia, faria qualquer diferença no 'teorismo', que é menos uma posição específica do que uma modalidade de rebelião e auto-indulgência antinômicas". Volta e meia, Crews ataca a noção de auto-indulgência e narcisismo, e ele não está sozinho. Ele aponta para "o teorismo, cujo impulso mais puro é no sentido de postular restrições inevitáveis à percepção e adaptação de qualquer um, exceto do próprio teórico". Essa auto-indulgência, afirma, "foi-nos transmitida nos últimos anos da década de 1960".

Entre outros, o historiador Ernest Gellner chegou a uma conclusão parecida, qual seja, de que, quando a evidência é eliminada, o narcisismo floresce. A procura pelas evidências, ou exigências de validade, que sempre fundamentaram a verdadeira ciência progressista, significa simplesmente que o nosso próprio ego não pode impor ao universo uma visão da realidade que não encontra apoio no próprio universo. As exigências de validade e as evidências são os caminhos pelos quais nos harmonizamos com o Cosmo. As exigências de validade nos obrigam a enfrentar o mundo real; elas reprimem as nossas fantasias do ego e maneiras autocêntricas; elas reivindicam evidências do restante do Cosmo; elas nos forçam a sair de nós mesmos! São os controles e equilíbrios na Constituição Cósmica.

Mas foram exatamente esses controles e equilíbrios, essa repressão do narcisismo que os pensadores do "novo paradigma" e a interpretação ruim kuhniana, de diversas orientações, tentaram erradicar, implícita ou explicitamente. E por trás disso tudo estava, em parte, a "cultura do narcisismo". O filósofo David Couzens Hoy lembra que "libertar a teoria do seu objeto", ou seja, eliminar a exigência de evidências, "poderá abri-la para todas as possibilidades de ricas imaginações; todavia, se não existe mais a verdade da questão, nada a impede de sucumbir à moléstia da autoconsciência obsessiva da imaginação moderna". A teoria se torna, portanto, "apenas a egogratificação do próprio crítico", a cultura do narcisismo. "Depois vem a pura luta pelo poder, e a crítica deixa de ser latente e se torna espalhafatosamente agressiva, parte do niilismo emergente dos tempos atuais."

Da noção de que "Estamos no meio de uma mudança de paradigma que transformará o mundo" até a idéia de que "Você cria a sua própria realidade", há muitas permutações de "teorismo auto-indulgente": idéias desligadas da demanda pela evidência, a ciência reduzida a poesia, narcisismo e niilismo reunidos num moderno paradigma pós-moderno do que seja o inferno.

Esses críticos não estão afirmando que toda essa postura de poesia e paradigma seja apenas ou especialmente devido ao narcisismo; eles dizem simplesmente, e eu concordo, que o narcisismo jactancioso da "Geração Eu" *predispõe* muitos indivíduos a uma interpretação profundamente *errônea* de Thomas Kuhn, que permitiu que eles arbitrariamente desconstruíssem todas as realidades que não lhes conviessem para depois colocar em cena o seu próprio "novo paradigma revolucionário", imaginando que seriam os pioneiros de uma transformação revolucionária que sacudiria o mundo em seus alicerces.

Assim, enquanto os historiadores tentam compreender como uma *distorção* de Kuhn se tornou uma das noções mais citadas e mais influentes dos últimos trinta anos, enquanto eles especulam sobre como uma falsidade chegou a ser tão influente, eles são levados a procurar por outras forças que estejam impulsionando essa avalanche de erros. A "cultura de Narciso", quer seja na nova era, na crítica de arte, na teoria literária, em renovações tribais, na nova historicidade, nos estudos culturais, na eu-espiritualidade, na idéia de que nós criamos a nossa própria realidade, no "novo paradigma holístico", parece ser o candidato mais provável, infectando uma geração que, sutil mas insistentemente, precisa se enxergar como o centro do universo.

A *Contradição Representativa*

Ainda questionamos se as maneiras de se encarar o "novo paradigma" estão impregnadas de auto-indulgência narcisista. O que não se questiona é o fato de que essas maneiras, como também o pós-modernismo extremo, em geral, se contradizem internamente. Elas desmoronam com o seu próprio peso, deixando tudo, da teoria literária à integração entre a ciência e a religião, *num estado ainda pior do que o de antes.*

O momento da verdade na discussão pós-moderna é que, na realidade, o mundo não é uma percepção inocente. O mundo é, em parte, uma construção, uma interpretação. Essa é uma das verdades perenes trazidas à tona pelo pós-modernismo. O capítulo 9 é dedicado à apreciação de muitos pontos de vista importantes do movimento pós-moderno.

Mas — e aqui temos de deixar de lado o pós-modernismo *extremo* — nem todas interpretações são igualmente válidas: existem interpretações melhores e piores para cada texto. *Hamlet* não é uma peça sobre um divertido piquenique familiar no Parque de Yellowstone. Essa é uma interpretação muito ruim e pode ser totalmente *rejeitada* por todos os grupos de intérpretes. As interpretações não são criadas iguais, e isso põe um ponto final nas pretensões do pós-modernismo extremado.

O dificultoso é que, na totalidade de seu ataque ao verdadeiro ("O verdadeiro não existe; existem apenas interpretações diferentes"), o pós-modernismo extremado *não pode pretender que ele mesmo seja verdadeiro.* Ou ele se isenta de suas próprias reivindicações (movimento narcisista), ou aquilo que ele afirma sobre tudo o mais é igualmente verdadeiro para si mesmo e, nesse caso, aquilo que ele diz também não é verdade. Gellner resume o drama dessa forma: "Assim, se for verdade, é falso; portanto, é falso."

Essa assim chamada *contradição representativa* do pós-modernismo extremo tem sido apontada agora por muitos estudiosos, entre os quais Jürgen Habermas, Charles Taylor, Karl-Otto Apel e Ernest Gellner. De fato, existe hoje uma espécie de consenso entre os estudiosos sérios de que o pós-modernismo extremo é um beco sem saída. Ou ele nega a verdade de maneira niilista, e portanto incluindo a sua própria; ou, tentando evitar isso, volta-se para o narcisismo, excluindo-se de suas próprias reivindicações (essa ainda é a concepção do "novo paradigma").

Mas ainda persiste o fato de que a noção de paradigma *"no momento" é uma metáfora extinta"*. Assim, na nossa tentativa de integrar ciência e religião, temos de procurar a chave em outro lugar.

A Crítica Espiritual dos "Novos Paradigmas"

Não só os estudiosos sérios, Kuhn inclusive, abandonaram a noção de paradigma, na acepção popular, como também as próprias grandes tradições da sabedoria, quase sempre, acham essa noção muito confusa.

Lembrem-se de que a essência perene das tradições de sabedoria é a Grande Cadeia do Ser e a respectiva crença no pluralismo epistemológico. Huston Smith assim resume essa visão: "A realidade é graduada, da mesma forma que a cognição." Ou seja, existem níveis tanto no ser quanto no conhecer. Se imaginarmos uma Grande Cadeia composta de quatro níveis (corpo, mente, alma e espírito), existirão quatro modalidades correlacionadas de conhecimento (sensorial, mental, arquetípica e mística), as quais geralmente abrevio para os três olhos do conhecimento: o olho da carne (empirismo), o olho da mente (racionalismo) e o olho da contemplação (misticismo).

A ciência empírica, de acordo com o pluralismo epistemológico, pode nos informar muita coisa sobre o domínio sensorial e um pouco sobre o domínio mental, mas virtualmente nada sobre o domínio contemplativo. E nenhum "novo paradigma" poderá alterar isso. As teorias do caos, da complexidade, dos sistemas e quânticas não exigem que os cientistas adotem a contemplação ou a meditação para compreender esses "novos paradigmas" e, portanto, não oferecem nenhum conhecimento espiritual direto. Elas são apenas mais algumas idéias atreladas às percepções sensoriais. Elas não são contemplações transmentais reveladoras do Divino.

Ainda pior, segundo as tradições de sabedoria, é o fato de que, ao apresentar essas novas teorias científicas como se fossem realidades espirituais, esses "novos paradigmas" muitas vezes inibem a verdadeira contemplação que poderia proporcionar um acesso direto ao Espírito. Na verdade, esses "novos paradigmas" substituem o olho da contemplação pelos olhos da mente e da carne e, assim, destroem a única modalidade que seria a nossa salvação. Longe de ajudar a integrar ciência e religião, essas concepções aniquilam o verdadeiro impulso religioso.

Para Quem Estou Falando?

Concordo totalmente com essa crítica, que também pode ser colocada sob uma luz moderna, como se segue: o olho da carne é monológico; o olho da mente é dialógico; o olho da contemplação é translógico.

Monológico deriva de "monólogo", que significa uma única pessoa, falando por si mesma. A maior parte da ciência empírica é monológica, pois podemos investigar, digamos, uma pedra, sem ter de conversar com ela. A ciência empírica escolhe cuidadosamente objetos de pesquisa com os quais não é necessário conversar. Quaisquer que sejam esses objetos: pedras, planetas, átomos, células, estruturas geológicas, moléculas de ADN, sinapses cerebrais, rins, rios, dinâmica da atmosfera, gases ideais, corpos termodinâmicos, padrões de processos, sistemas de interação, ecossistemas, ou seja lá o que for, não precisamos conversar com nenhum deles. Esse é um empenho monológico, ligado ao olho da carne e aos dados fornecidos pelos sentidos humanos ou suas extensões instrumentais.

Dialógico vem de "diálogo", que significa falar com alguém e tentar entender essa pessoa. Enquanto o olho da carne é monológico, o olho da mente, de muitas maneiras importantes, é dialógico. Ao ler estas palavras, você está envolvido numa modalidade dialógica de conhecimento e tentando compreender o que eu quero dizer com estes símbolos. Se eu estivesse em sua presença, você poderia me perguntar diretamente e nós conversaríamos. Estaríamos envolvidos em interpretações, hermenêutica, significados simbólicos e entendimento mútuo. Você não está me tratando como um *objeto*, como por exemplo uma pedra, para a qual olharia monologicamente. Você me trata como um *sujeito*, ao qual tenta compreender dialogicamente.

Translógico significa a transcendência do lógico, do racional ou mental, geralmente. O misticismo informe, revelado com o olho da contemplação, é translógico: ele enxerga além do olho da carne (e seu empirismo monológico) e além do olho da mente (e sua interpretação dialógica) e, em vez disso, está aberto ao Divino radiante (em gnose não-dual). Essa abertura espiritual não pode ser atingida diretamente pelo olho da carne nem pelo olho da mente, apenas pelo olho da contemplação. E o próprio coração das grandes tradições de sabedoria é uma abertura contemplativa para o domínio espiritual, que não é monológico e nem dialógico mas translógico.

Talvez você esteja começando a compreender porque até mesmo as grandes tradições da sabedoria (com seu pluralismo epistemológico), criticam de forma tão devastadora a noção de que um "novo paradigma" na ciência poderia ser o equivalente a uma abertura espiritual. Pois o que é necessário não é uma nova ciência monológica nem uma nova interpretação dialógica, mas um método genuíno para uma abertura direta à contemplação translógica, e nenhum "novo paradigma científico" tem sido capaz de oferecê-la.

Entre os pensadores do "novo paradigma" é comum a asserção de que o problema básico da ciência é o fato de que, sob a visão "newtoniana-cartesiana", o universo é considerado atomístico, mecanicista, dividido e fragmentado, ao passo que as novas ciências (quântica/relativística e as teorias de sistemas e da complexidade) mostraram que o mundo não é uma coleção de fragmentos atômicos, mas uma rede inseparável de relações. Essa visão de uma "rede de vida", afirmam eles, é compatível com as tradicionais visões de mundo espirituais. Portanto, esse "novo paradigma" introduzirá no novo eu quântico e na sociedade quântica, uma visão de mundo holística e reparadora revelada pela própria ciência.

Mas esse entendimento, de acordo com as grandes sabedorias tradicionais, é completamente equivocado. Pois o verdadeiro problema com a ciência empírica *não* é que ela seja atomística em vez de holística, ou newtoniana em vez de einsteiniana, ou de orientação individualística e não sistemática. A questão real é que *todas* essas concepções, tanto atomísticas quanto holísticas, são monológicas. Têm bases empíricas e sensório-motoras, com evidências fornecidas pelos sentidos e suas extensões instrumentais. Isso é, vale para a ciência newtoniana e para a ciência einsteiniana, para a ciência atomística e para a ciência de sistemas. Em nenhuma circunstância, nem paradigma, a ciência empírica se mostra inclinada a negar seu empirismo, e nem deveria fazê-lo.

Não, o verdadeiro problema da nossa fragmentação moderna não é o fato de a ciência ter orientação atomística em vez de sistemática. O problema real é que *todas as elevadas modalidades de conhecimento descambaram brutalmente para uma ciência monológica e empírica*. Tanto o atomismo quanto a teoria de sistemas são monológico/empíricos, e é *a redução de todo conhecimento a modalidades monológicas que constitui a desgraça da modernidade*. As próprias modalidades elevadas — mentais e supramentais, racionais e transracionais, hermenêuticas e translógicas, contemplativas e espirituais — foram reduzidas drasticamente ao olho da carne e suas extensões. O problema de a loucura monológica ser de orientação atomística ou sistemática não vem ao caso.

Houve recentemente uma revolução na ciência, um verdadeiro *novo paradigma da própria ciência* que seja holístico em vez de atomístico? Sim, decididamente. Houve diversas formas de mudanças, na verdade, inclusive vários aspectos da física quântica, física da relatividade, cibernética, teoria dos sistemas dinâmicos, autopoiese, teoria do caos e teoria da complexidade. Todas essas são novas revoluções, novos paradigmas no sentido real, com novos modos de pesquisa, novas práticas sociais para apoiá-las, novos tipos de dados, novas formas de evidência e novas teorias circundando-as.

Mas, sem exceção, todas elas são, no fundo, monológicas. Portanto, por mais importantes que sejam, elas têm pouco a nos oferecer em termos de verdadeira integração do monológico com o dialógico e o translógico, ou seja, para integrar a ciência com a espiritualidade.

E assim começamos a ver que, embora os pensadores do "novo paradigma" afirmem que sua orientação de sistemas científicos irá curar a fragmentação do mundo moderno, fazer com que nos sintamos à vontade no universo, salvar o planeta e introduzir novamente a espiritualidade na nossa cultura doente e alienada, o fato é que a ciência monológica, tanto de orientação atomística quanto sistemática, é, infelizmente, parte da doença que pretende curar.

Resumo

Não será por meio de nenhum tipo de "novo paradigma" na ciência que a espiritualidade e a ciência moderna chegarão finalmente a um acordo. Isso porque, em primeiro lugar, "paradigma", como é compreendido popularmente, "no momento constitui uma metáfora extinta". Em segundo, mesmo que estivesse viva, ou sendo usada no seu sentido correto, como injunção ou prática social, ainda não existe nada, mesmo nas ciências empíricas mais avançadas (desde a teoria das cadeias até a do hiperespaço, passando pela teoria do caos), que vá além de sua fundamentação monológica e empírica. Todos os supostos "novos paradigmas" ainda estariam dentro da estrutura monológica e não fora dela. Assim, todo e qualquer "novo paradigma" simplesmente estaria repetindo o desastre. Em terceiro lugar, toda essa maneira de encarar o problema, conforme alguns críticos, está infectada por um desprezo narcisista pelas evidências. Em quarto, essa proposição é profundamente contraditória em si mesma (contradição representativa). Em quinto lugar, e pior do que tudo, ela se baseia num erro de categoria: na tentativa do olho monológico da carne e o olho dialógico da mente de enxergarem o que pode ser visto apenas pelo olho translógico do espírito. Como tal, isso poderá depreciar significativamente o despertar de uma verdadeira consciência espiritual.

O que é necessário para a integração entre a ciência e a religião não é uma tentativa de reduzir a religião translógica a um novo paradigma monológico. O que precisamos, realmente, é de tomar a essência das tradições de sabedoria, ou seja, a Grande Cadeia do Ser, que inclui o monológico (o olho da carne), o dialógico (o olho da mente) e o translógico (o olho da contemplação) e expô-la às diferenciações da modernidade (diferenciação das esferas de valores da arte, moral e ciência).

Para isso, temos de entender, o mais claramente possível, a besta chamada "modernidade".

4

Modernidade: Dignidade e Fatalidade

CREIO QUE A GRANDE DIFICULDADE de todas as típicas tentativas para integrar a religião pré-moderna com a ciência moderna seja o fracasso de apreender tanto a essência da pré-modernidade (a Grande Cadeia) quanto a essência da modernidade (a diferenciação das esferas de valores da arte, da moral e da ciência). Uma vez que parece haver menos confusão quanto à base da pré-modernidade, da qual o Grande Ninho do Ser era o coração e a alma, talvez tenhamos de examinar mais cuidadosamente o outro lado da equação: o monstro conhecido como "modernidade".

O Significado de "Modernidade" e "Pós-Modernidade"

Para os historiadores, modernidade se refere vagamente ao período que tem suas raízes na Renascença, floresceu no Iluminismo e continua, de muitas formas, nos dias de hoje. Portanto, a modernidade inclui diversas tendências como:

A filosofia: Descartes é considerado o primeiro filósofo "moderno"; a filosofia moderna é geralmente "representativa", o que significa que ela tenta formar uma representação correta do mundo. Essa visão representativa também é chamada de "espelho da natureza", pois acreditava-se comumente que a realidade em última análise fosse sensorial e natural e a tarefa da filosofia era pintar ou refletir essa realidade corretamente.

A arte: A arte moderna, no sentido mais geral, da metade do século XVIII até agora, a de Goya, Constable, Courbet, Manet, Monet, Cézanne, van Gogh, Matisse, Kandinsky, era marcada, por vezes, por uma ruptura quase total com os temas e modos de composição tradicionais, principalmente por deixar de pintar apenas temas mítico-religiosos (a natureza, e não mais o mito, em primeiro plano).

A ciência: A ciência moderna (Kepler, Galileu, Newton, Kelvin, Watt, Faraday, Maxwell) confiava principalmente no registro de dados empíricosensoriais. As ciências antigas haviam *classificado* a natureza, as novas *mediam* a natureza, e isso era o seu surpreendente e revolucionário poder.

Cognição cultural: Isso envolvia uma mudança das modalidades de cognição míticas para outras, mentais e racionais; um desvio da ética convencional para a pós-convencional; uma alteração dos valores etnocêntricos aos valores universais ou globais.

Identidade pessoal: Aqui houve a mudança do papel da identidade, definida pela hierarquia social, para uma identidade do ego, definida pela autonomia pessoal.

Direitos políticos e civis: Incluindo o banimento da escravidão, a instituição dos direitos das mulheres, as leis contra o trabalho infantil, os direitos da humanidade (liberdade de expressão, de religião, de reunião e a um julgamento justo) e igualdade perante a lei.

Tecnologia: Referindo-se principalmente às invenções que se iniciavam com a máquina a vapor, bem como a industrialização em geral.

Política: Isso incluía o surgimento das democracias liberais, muitas vezes por meio de verdadeiras revoluções, como por exemplo na França e nos Estados Unidos da América.

Will e Ariel Durant descreveram a modernidade como "Idade da Razão e da Revolução", e essa é uma boa maneira de a definir.

Enquanto os historiadores concordam com a definição geral de modernidade, a pós-modernidade tem um enorme número de significados, poucos dos quais coincidem. O termo "pós-modernidade" pode ter um significado estrito ou técnico, bem como outro mais geral e amplo. O sentido estrito e técnico foi discutido brevemente no capítulo anterior, ou seja, a noção de que não existe verdade, apenas interpretações, e todas as interpretações são construídas socialmente. Denominamos essa visão limitada de "pós-modernismo extremo", pois ela toma algumas noções muito importantes (como por exemplo: algumas realidades são socialmente construídas) e as amplia desproporcionalmente (ex.: todas as realidades são socialmente construídas), o que resulta apenas em graves contradições representativas severas.

Mas, no sentido mais amplo e geral, "pós-moderno" significa simplesmente algumas das maiores correntes que correm *na esteira da modernidade*, como uma reação contra a modernidade, ou um contrapeso à modernidade, ou, algumas vezes, como uma continuação da modernidade por outros meios. Assim, se a industrialização é moderna, a era da informática é pós-moderna. Se Descartes é moderno, Derrida é pós-moderno. Se a racionalidade perspectiva é moderna, a rede lógica não-perspectiva é pós-moderna. Se a arquitetura da Bauhaus é moderna, Frank Gehry é pós-moderno. Se a representação é moderna, a não-representação é pós-moderna. Se o motor de combustão interna é moderno, a Internet é pós-moderna. Utilizaremos os dois significados, o limitado e o geral, o que será explicado pelo contexto.

Assim, o "mundo moderno" de hoje consiste, na verdade, de diversas correntes diferentes, algumas das quais são "modernas" no sentido específico (aqueles eventos impulsionados pelo Iluminismo Moderno, acima relacionados), outras que são remanescentes do mundo pré-moderno (em particular, os restos da religião mítica e, mais raramente, resquícios da mágica tribal), e outras, ainda, pós-modernas. Em suma, o atual "mundo moderno" consiste de várias correntes pré-modernas, modernas e pós-modernas.

Quando me refiro à *modernidade* propriamente dita, quero dizer modernidade no sentido específico (os acontecimentos desencadeados pelo Iluminismo liberal), enquanto "mundo moderno" significa simplesmente o mundo contemporâneo atual, com todas as suas correntes pré-modernas, modernas e pós-modernas. E é principalmente a modernidade no sentido específico que desejamos compreender, pois as reivindicações fundamentais da modernidade devem, obviamente, ser uma característica essencial de qualquer integração genuína da ciência moderna e da religião pré-moderna.

E, mais significativamente, o dramático fracasso para apreender os verdadeiros contornos da modernidade invalidou diversas tentativas de integrar a ciência e a espiritualidade.

A Dignidade da Modernidade

De muitas maneiras, os *princípios de governo* de uma centena, pouco mais ou menos, de nações democráticas do mundo de hoje são, na verdade, os *princípios da modernidade,* ou seja, os valores do Iluminismo ocidental liberal. Isso abrange os valores da igualdade, da liberdade e da justiça; democracia representativa e deliberativa; a igualdade dos cidadãos perante a lei, independentemente de raça, do sexo ou da crença; direitos políticos e civis (liberdade de expressão, religiosa, de reunião, de julgamento justo, etc.). É claro que alguns desses direitos ainda precisam ser implantados mais universal e imparcialmente, mas mesmo assim eles abrigam os ideais que devem ser buscados pelas sociedades liberais.

Esses valores não existiam em larga escala em nenhum lugar do mundo pré-moderno, e, portanto, eles têm sido citados, com exatidão, como a *dignidade da modernidade*. Gerhard Lenski, por exemplo, documentou que todos os tipos de sociedades pré-modernas, inclusive as tribais, coletoras, horticultoras e agrárias, tinham vários graus de escravidão. As únicas sociedades, em toda a história e a pré-história, que efetivamente baniram a escravidão foram aquelas que surgiram na esteira da modernidade. Esse é apenas um exemplo das muitas dignidades conquistadas pelo Iluminismo.

Dizer que nenhum tipo de sociedade pré-moderna possuía nenhuma dessas dignidades é afirmar, condenatoriamente, que nenhuma das religiões pré-modernas, em nenhum lugar do mundo, distribuiu esses direitos em larga escala; na verdade, em geral, elas fizeram exatamente o contrário. O grito de batalha do Iluminismo, proferido por Voltaire: "Lembrem-se das crueldades!" foi um brado para pôr fim à brutal opressão, muitas vezes exercida pela religião pré-moderna, em nome de algum Deus ou de alguma Deusa. Os templos dessas divindades foram construídos à custa de milhões de pessoas, que deixaram um rastro de lágrimas e de sangue no caminho para o céu.

O fato de que as religiões pré-modernas deixaram de oferecer tais dignidades serve para nos lembrar de que a "modernidade sem Deus" não era apenas o monstro apontado pelos seus oponentes religiosos. A modernidade trouxe esses direitos e é na modernidade que temos de procurar os fatores que os apóiam. O que quer que tenha sido que permitiu à modernidade fazer brotar esses nobres valores, será um ingrediente indispensável à integração daquilo de melhor que ambas as épocas têm a oferecer.

A Modernidade e a Sua Legião de Críticos

Quase todos os pensadores do "novo paradigma" aliam o seu proposto novo paradigma a um agressivo ataque à modernidade, chegando algumas vezes a uma polêmica virulenta. Em um tratado viperino depois do outro, eles atacam a modernidade com livros denominados, de maneira típica: *My Name is Chellis and I'm in Recovery from Western Civilization* (o título é real). Todavia, quase sem exceção, esses proponentes do "novo paradigma" dão poucas mostras de que tenham apreendido ou entendido a verdadeira natureza da própria modernidade, ou seja: suas características, valores e estruturas definidores. De modo particular, eles raramente evidenciam uma compreensão clara e concisa da dignidade da modernidade, mesmo que a exerçam implícita e extensivamente.

Em vez disso, montam um espantalho lamentável, quase sempre focalizando Newton e Descartes, e depois danificam praticamente toda a modernidade. A "visão de mundo newtoniana-cartesiana, patriarcal, fragmentada e alienada", naturalmente rotulada de "velho paradigma", será substituída pelo "novo paradigma", revolucionário e transformador do mundo, em poder desses teóricos, que desejam dividi-lo com todos, preparando a futura transformação.

Os diversos "novos paradigmas" que esses teóricos nos proporcionam geralmente se encaixam de forma genérica em três tipos, embora sejam comuns as combinações: renovação pré-moderna, pandemônio pós-moderno e sistemas globais. Ainda que todos apresentem importantes momentos de verdade, que deveriam ser reconhecidos, todos falham lamentavelmente em sua apreensão geral da modernidade.

O "paradigma" da *renovação pré-moderna* sustenta, de modo geral, que as culturas tribais agrícolas possuíam uma "consciência não-dissociada", ao passo que o mundo moderno tem principalmente consciências "dissociadas" ou "fragmentadas". Alternativamente, o mundo pré-moderno é visto como matriarcal e holístico, ligado à Deusa e à ininterrupta Rede da Vida, enquanto o mundo moderno é patriarcal, analítico, fragmentado e despedaçado. Assim, o que o mundo moderno precisa é da *ressurreição* ou da *recaptura* de uma consciência perdida e "mais unificada". Mas, como veremos, esses escritores interpretaram erroneamente a consciência pré-moderna, que, em geral, não era nem um pouco "unificada". Ademais, o que nenhuma dessas teorias conseguiu explicar satisfatoriamente é por que a evolução conseguiria fazer algo que nenhum outro sistema vivo fez, ou seja, dar uma guinada radical em seu desenvolvimento, como se todas as árvores do mundo de repente quisessem voltar a ser uma semente.

O "paradigma" *pós-moderno* ("pós-moderno" no sentido estrito e técnico) é simplesmente a afirmação de que não existe verdade, apenas interpretações, e, portanto, a "natureza escorregadia a todos os significadores" significa que a autoridade da ciência — e portanto a própria modernidade — pode simplesmente ser varrida para debaixo do tapete, sem nenhum problema. Estamos livres da modernidade simplesmente porque estamos livres da exigência da verdade e da verificação de modo geral. A própria demanda pela verdade faz parte do "velho paradigma", que o novo desconstruiu por completo. Isso não nos deixa mais nada, conforme vimos, senão o nosso próprio ego, o nosso narcisismo, para impor a sua vontade sobre a realidade. E esse narcisismo niilista é ofertado ousadamente ao mundo como uma transformação revolucionária.

O "paradigma" dos *sistemas globais* ataca o atomismo e o substitui por sistemas de pensamento, imaginando que assim estaria superado o problema central da "visão de mundo fragmentada newtoniana-cartesiana". Mas, como vimos, a dificuldade específica com *qualquer variedade* de ciência empírica não é o fato de ela ser atomística ou holística, analítica ou sistemática, mas sim se ela é empírica e monológica, antes de mais nada. A teoria de sistemas não altera isso em nada; ela apenas perpetua a loucura monológica de outras formas, que no caso são ainda mais insidiosas porque os seus proponentes imaginam que conseguiram resolver o problema, quando apenas o reproduziram.

A grave dificuldade desses três ataques à modernidade, além de suas próprias contradições representativas, é que eles não demonstram nenhuma compreensão substancial das características da modernidade, e ainda menos da dignidade. Ironicamente, a maioria dos valores decentes expressos por esses raciocínios são, na verdade, os valores da modernidade, contendo a igualdade perante a lei, liberdade e justiça e igualdade de oportunidades. Isso certamente dá a impressão de crianças ingratas e petulantes que se recusam a falar com os pais.

Mais notórios, esses ataques do "novo paradigma" à modernidade não compreendem a discrepância entre *diferenciação* e *dissociação*. Todavia, é nessa distinção simples mas profunda que está a chave para a modernidade e, portanto, também para a integração entre ciência e religião, no mundo moderno.

Diferenciação = Dignidade

Os eruditos, de Max Weber até Jürgen Habermas, procuraram uma maneira simples para caracterizar o grande impulso que foi a modernidade. Eles descobriram aquele que foi certamente um dos desenvolvimentos mais significativos de toda a história humana: como vimos, a modernidade teve por peculiar aquilo que Weber denominou "a diferenciação das esferas culturais de valores", ou seja, *a diferencia-*

ção entre *arte, moral e ciência*. Essa diferenciação é a essência da dignidade da modernidade, como revela um breve exame da pré-modernidade.

Muitos estudiosos, como Jean Gebser, Habermas e eu mesmo, entre outros, dividem o mundo pré-moderno em visões de mundo arcaica, maravilhosa e mítica (relacionadas com os modos de produção de coleta, horticultor e agrário; esses termos ficarão mais claros à medida que avançarmos). Mas nenhuma das visões de mundo pré-modernas diferenciou claramente entre artístico-estético, empírico-científico e religioso-moral. Embora os "holistas pré-modernos" assegurem que esse é um maravilhoso estado de consciência não-dissociado e unificado, na verdade é exatamente o contrário.

A Igreja da Idade Média é um exemplo clássico, que se repetiu em todo o mundo e em todos os tipos de sociedades pré-modernas como variações de um mesmo tema. Pelo fato de arte-estética, empirismo-ciência e religião-moral não estarem claramente diferenciados, o que acontecia em uma esfera poderia dominar e controlar o que acontecia nas outras. Dessa forma, um cientista como Galileu poderia deixar de perseguir a esfera da ciência porque ela se chocava com a esfera predominante da religião-moral. Um artista como Michelangelo estava em conflito constante com o Papa Júlio II por causa do tipo de figuras que ele poderia representar em sua arte, pois a expressão artística e a moral religiosa não estavam bem diferenciadas e assim a opressão em uma esfera significava opressão em outra.

Da mesma forma, o Estado não se diferenciava da religião: não havia separação entre Igreja e Estado. Assim, se alguém discordasse das autoridades religiosas, poderia ser julgado tanto por heresia (um crime *religioso*), quanto por traição (um crime *político*). Pela heresia, ele poderia ser excomungado pela eternidade; pela traição, torturado e morto temporalmente. Quem cometesse o primeiro, geralmente sofreria o segundo. Poucos dos teóricos que glorificam as numerosas teocracias pré-modernas (ou mitocracias) como "orgânicas e unificadas", desejariam realmente ter vivido em uma cultura assim, pois caso a sua religião não coincidisse com a das autoridades estariam fritos, literalmente.

Esse estado de coisas não era holístico nem integrado, era simplesmente *pré-diferenciado*: um grande contraste! Aquilo que não tinha sido diferenciado, em primeiro lugar, não poderia ser integrado. Até então não existiam esferas separadas que pudessem ser reunidas numa síntese ou integração; o que havia era simplesmente uma fusão de esferas que roubavam mutuamente a sua autonomia e dignidade.

Mas com o advento da modernidade, as esferas da arte, da ciência e da moral foram definidas claramente, e isso marcou a *dignidade* da modernidade, pois cada esfera poderia agora perseguir a sua própria verdade, sem violência ou dominação das demais. Alguém poderia olhar através do telescópio de Galileu sem ser denunciado perante a Inquisição, ou poderia pintar um corpo humano num ambiente natural sem ser julgado por heresia contra Deus e o Papa. Essa mesma pessoa poderia defender os direitos morais universais do ser humano sem ser acusada de traição contra o Rei ou a Rainha.

Assim, temos aqui a primeira equação importante para definir a modernidade: diferenciação = dignidade. Se quisermos integrar a ciência moderna com a religião pré-moderna, aproveitemo-nos desse presente que a modernidade nos deu.

O Bem, a Verdade e a Beleza

Existe uma forma simples de referir-se a essas três esferas de valores da moral, da ciência e da arte: elas são o Bem, a Verdade e o Belo. Esses termos foram criados pelos gregos, os quais, nesse sentido, foram alguns dos precursores da modernidade.

O Bem se refere à moral, ao justo, à ética; como podemos nos relacionar, de maneira justa e decente, tanto entre nós mesmos quanto com todos os outros seres vivos. Não significa que todos tenhamos de concordar quanto a um tipo específico de moralidade, sobre o qual pode haver uma discordância razoável. Isso quer dizer, num sentido geral, que os seres humanos precisam descobrir alguma maneira de utilizar o mesmo espaço cultural, cujo oposto seria, simplesmente, a guerra.

A Verdade refere-se, num sentido bem geral, à verdade objetiva. Isso significa a verdade de acordo com padrões imparciais e não apenas a verdade conforme ditada pelo meu ego, minha tribo, ou minha religião. A ciência, acima de tudo, tenta especializar-se na verdade objetiva, empírica e reproduzível. O que não significa que não existam outros tipos de verdade; mas, simplesmente que a ciência tem uma merecida reputação de oferecer importantes tipos de verdade objetiva.

O Belo, como se diz, está nos olhos do observador; ele representa as correntes estéticas e expressivas de cada eu subjetivo. Isso não quer dizer, necessariamente, que o Belo seja "meramente subjetivo" ou idiossincrásico, mas que ele é um julgamento feito por cada sujeito, cada "eu". Esse julgamento, segundo Kant, não reside empiricamente num objeto, mas em um sujeito discriminante. O Belo está, em parte, no "eu" do observador.

Assim, dizer que a modernidade diferencia moral, ciência e arte é dizer que ela diferencia o que é bom, o que é verdadeiro e o que é belo, de maneira que cada uma das esferas possa buscar suas próprias verdades e aspirações, sem ser dominada ou violentada pelas outras.

Eu, Nós e Ele

Chegamos agora a um ponto importante e fascinante do problema. Cada uma dessas esferas — arte, moral e ciência, ou o Belo, o Bom e a Verdade — *possui um tipo diferente de linguagem*. A esfera expressivo-estética é descrita na linguagem do "eu". A esfera moral-ética é descrita na linguagem do "nós". E a esfera objetivo-científica é descrita na linguagem do "ele". *Se quisermos integrar essas diversas esferas, teremos de aprender a falar a sua linguagem nativa.*

A beleza, conforme vimos, está no "eu" do observador. Esse domínio *subjetivo* representa o eu e a auto-expressão, o julgamento estético e expressão artística no sentido mais geral. Ela também representa os conteúdos subjetivos irredutíveis da consciência imediata (e intencional), e tudo isso pode ser apropriadamente descrito em relatos na primeira pessoa, na linguagem do "eu".

A Ética é descrita na linguagem do "nós". Ela faz parte do domínio *intersubjetivo*, o domínio da relação coletiva e da consciência social, o domínio da justiça, da bondade, da reciprocidade e da compreensão mútua, tudo isso descrito na linguagem do "nós".

A verdade, no sentido objetivo, é descrita na linguagem do "ele". Esse é o domínio das realidades *objetivas*, realidades que podem ser vistas de forma empírica e monológica, de átomos a cérebros, de células a ecossistemas, de rochas a sistemas solares, tudo isso descrito na linguagem do "ele".

Assim, quando dizemos que a modernidade diferenciou as esferas da arte, da moral e da ciência, isso significa, basicamente, que a modernidade diferenciou os reinos do EU, do NÓS e do ELE.

Pelo fato de a modernidade ter diferenciado o NÓS do ELE, a tirania política ou religiosa (NÓS) não podia mais determinar o que era objetivamente verdadeiro (ELE). Em outras palavras, agora podemos ler Copérnico sem sermos condenados à fogueira. Essa diferenciação entre NÓS e ELE levou diretamente ao surgimento das ciências empíricas, incluindo as ciências ecológicas, teoria dos sistemas e física quântica e da relatividade. As sociedades pré-modernas não produziram nenhuma dessas ciências empíricas em parte por causa da ausência daquela crucial diferenciação.

Porque a modernidade diferenciou o EU do NÓS, o NÓS coletivo já não podia mais dominar o EU individual. Ou seja, cada EU individual tinha *direitos* que não poderiam ser violados pelo Estado, pela Igreja ou pela comunidade em geral. Essa diferenciação entre EU e NÓS contribuiu diretamente para a ascensão das democracias liberais, nas quais cada EU recebeu os direitos políticos de igualdade, liberdade e justiça. Isso, por sua vez, levou aos movimentos libertadores, como a abolição da escravidão, os direitos das mulheres e a libertação dos laços de sangue.

Pelo fato de a modernidade ter diferenciado o EU do ELE, a vontade individual não poderia mais estabelecer o que seria objetivamente verdadeiro. Aquilo que o EU achava ser a realidade objetiva agora deveria ser comparado com fatos empíricos, dessa forma restringindo as tentativas míticas para dominar o Cosmo por meio de rituais e solicitações egocêntricos. Isso influiu diretamente em tudo, desde o surgimento da moderna ciência médica às telecomunicações globais. Em outras palavras, se eu desejo algo da realidade (ELE), tenho de fazer mais do que apenas desejar, uma vez que os dois não são a mesma coisa. (Isso também nos mostra os desastres que ocorrem quando os revitalistas pré-modernos e os desconstrucionistas pós-modernos tentam reverter a diferenciação desses domínios, igualando assim o EU-arte com o ELE-ciência e mergulhando exatamente no narcisismo superado por aquela diferenciação.)

E a lista das dignidades diferenciadas ainda continua. Democracia liberal, igualdade, liberdade, feminismo, ciências ecológicas, abolição dos escravos, avanços extraordinários na medicina, física moderna; tudo isso se baseia, total ou parcialmente, na diferenciação do que é estético-expressivo, legal-moral e empírico-científico; a Beleza, o Bem e a Verdade; EU, NÓS e ELE; eu, cultura e natureza.

E é precisamente por isso que essa série de diferenciações cruciais é conhecida como "dignidade da modernidade".

Diferenciação e Dissociação

É essa dignidade da diferenciação que falta aos críticos contrários à modernidade. Acredito que isso se deva à invariável confusão que há entre *diferenciação* e *dissociação*.

Todos os processos saudáveis e naturais de crescimento ocorrem por diferenciação e integração. O exemplo mais claro desse processo é o crescimento de um organismo complexo a partir de um ovo unicelular: o zigoto se divide em duas células, depois em quatro, depois oito, dezesseis, trinta e dois... até milhões de células, literalmente. Enquanto essa extraordinária *diferenciação* está ocorrendo, as diferentes células estão sendo *integradas* em tecidos e sistemas coerentes em todo o organismo. Esse processo de diferenciação e integração permite que uma única célula evolua para um organismo multicelular e um complexo sistema de refinada unidade e integridade funcional.

De uma simples semente ao majestoso carvalho, num extraordinário processo de diferenciação e integração. Nesse processo de crescimento, se algo der errado em uma das duas ramificações — diferenciação ou integração — o resultado será uma *patologia*.

Se a diferenciação deixar de ocorrer, o resultado será uma *fusão*, fixação e interrupção geral. O crescimento fica bloqueado em um determinado estádio; não há crescimento posterior porque a diferenciação seguinte deixa de ocorrer. Para dar um exemplo do crescimento humano psicossexual, quando dizemos que algumas pessoas têm uma fixação oral, significa que elas estão fixadas num impulso oral do qual deixam de se diferenciar. Elas permanecem "fundidas" nesse impulso, que lhes domina obsessivamente a percepção.

Por outro lado, se a diferenciação tiver início mas for muito longe, o resultado será a *dissociação* ou fragmentação. A diferenciação foge ao controle e os vários subsistemas não podem ser integrados com facilidade: eles se distanciam, em vez de se juntar. As partes não se diferenciam, elas se dissociam, e o resultado é fragmentação, repressão e alienação.

No crescimento humano, por exemplo, o ego e o id devem se diferenciar; mas se essa diferenciação evoluir para uma dissociação, o ego simplesmente reprime e aliena o id, o que resulta em dolorosos sintomas neuróticos. Em vez de diferenciação e integração, o que ocorre é dissociação e repressão.

Então, se confundirmos diferenciação com dissociação, confundiremos crescimento com doença, dignidade com desastre, evolução com catástrofe. E é isso precisamente o que fazem muitos dos que criticam a modernidade.

É claro que a diferenciação pode parecer uma ruptura, uma separação, uma quebra ou uma fratura. O ovo unicelular se divide em duas células, depois em quatro, e assim por diante. Mas essa multiplicação é a maneira pela qual a natureza cria *unidades mais elevadas e integrações mais profundas*. É fácil unificar uma centena de itens, mas experimente unificar um milhão. É exatamente por isso que a unidade do carvalho é infinitamente mais impressionante do que a da semente: o carvalho tem maior *profundidade*, ou seja, ele tem um número muito maior de sistemas que devem ser integrados verticalmente para que funcionem.

Portanto, o primitivo estado da semente não é "mais unificado", ele é simplesmente *menos diferenciado* e, conseqüentemente, bem menos *integrado*. O carvalho é incomparavelmente mais unificado e integrado do que a semente, e ele chegou a esse estado precisamente através do processo desenvolvimentista e evolucionário de diferenciação e integração.

Mas os renovadores da pré-modernidade, observando o curso das necessárias diferenciações da humanidade a caminho de integrações mais elevadas, não vêem nada a não ser uma série de fraturas, quebras, dissociações e desastres. Quando a humanidade diferenciou a mente e a natureza (por volta de dez mil anos antes de Cristo), os pré-modernistas denunciaram uma dissociação. Quando a humanidade diferenciou mente e corpo (mais ou menos seis séculos antes de Cristo), os pré-modernistas acusaram uma dissociação. E quando a humanidade finalmente diferenciou arte, ciência e moral (na modernidade), os pré-modernistas apontaram uma dissociação.

Eles não enxergam nada a não ser uma influência sinistra, malévola ou mesmo maligna por trás dessas "rupturas" brutais. O carvalho é, por alguma razão, uma violação depravada e horrível da semente. A exata natureza do mal e das influências nefastas e desagregadoras responsáveis pela "fragmentação" da humanidade varia de um teórico para outro. Alguns deles acusam Newton, Descartes, o patriarcado, Platão, o raciocínio analítico, a agricultura, a culinária, a domesticação de animais, a matemática, os males em geral, a crença num Deus transcendente e os alimentos industrializados.

Para os revitalistas pré-modernos, o remédio seria a reaproximação e a ressurreição da nossa semente. Temos de voltar a uma etapa anterior à "dissociação". Mas como esses teóricos confundem diferenciação e dissociação, confundem dignidade e desastre, confundem avanço e retrocesso. Eles gostariam que curássemos as dissociações da modernidade, o que seria até bom, mas como não distinguem diferenciação de dissociação, continuam procurando um período anterior da História no qual *não existia nenhuma diferenciação*. Isso os leva a recuarem cada vez mais no tempo, até a pré-história, buscando pelo estado de uma semente perfeita, anterior às desagradáveis divisões. Eles acabam inevitavelmente em um dos primeiros estádios da evolução humana: o da coleta e da horticultura; aqueles estados simples de fusão e não-desagregação são idealizados como bem próximos de um estado de perfeita harmonia entre mente, corpo e natureza, quando, na verdade, aqueles sistemas não eram integrados, mas simplesmente não estavam claramente diferenciados.

Dessa forma, as recomendações desses teóricos resultam apenas numa *regressão* mal disfarçada. É claro que nenhum deles prescreve realmente a regressão; o que pretendem é integrar, de alguma forma, a semente com o carvalho, o que quer que seja isso. Mas justamente pelo fato de revelarem tão pouca compreensão da dignidade da modernidade, eles mostram também pouca percepção do desastre dessa mesma modernidade.

Vejamos se é possível determinar as doenças específicas que afligem a modernidade. Isso é crucial, pois, se quisermos integrar a religião pré-moderna com a ciência moderna, temos de saber qual foi a porção da modernidade que significou crescimento e qual se constituiu em doença.

Dissociação = Desastre

É óbvio que a modernidade tem seu próprio quinhão de problemas terríveis. Na verdade, algumas das diferenciações da modernidade foram longe demais, entrando num conjunto específico de *dissociações*; e é a isso que me refiro como o *desastre da modernidade*. A arte, a moral e a ciência não apenas se diferenciaram, o que foi necessário e benéfico, mas logo começaram a se dissociar ou a se afastar dramaticamente, o que, como vimos, constitui a característica da *patologia* em qualquer sistema de crescimento.

Isso foi mesmo um desastre, uma patologia, pois logo deu lugar a uma poderosa ciência monológica que colonizou e dominou as outras esferas (a estético-expressiva e a religioso-moral), principalmente negando-lhes qualquer existência verdadeira! Se a diferenciação era a dignidade da modernidade, a dissociação foi a desgraça.

Essa dissociação das esferas de valores culturais foi exatamente o que ocorreu à arte, à ciência e à moral. Se a diferenciação moderna começou de fato nos séculos XVI e XVII, lá pelo final do século XVIII e início do XIX a diferenciação já estava descambando para uma dissociação dolorosa e patológica. Arte, ciência e moral começavam a trilhar caminhos separados, com pouco ou nenhum diálogo entre as esferas. Isso montou o cenário para uma invasão dramática, triunfante e assustadora de uma ciência explosiva nas outras esferas. No decorrer de apenas um século, a *ciência monológica* — incluindo positivismo, raciocínio empírico-analítico, teoria dos processos dinâmicos, teoria dos sistemas, teoria do caos, teoria da complexidade e modalidades tecnológicas de conhecimento — dominaria completamente o discurso sério no mundo ocidental.

Em outras palavras, o EU e o NÓS foram colonizados pelo ELE. O Bem e a Beleza foram subjugados por um crescimento da Verdade monológica, que, embora admirável de alguns pontos de vista, tornou-se pomposa, em seu próprio conceito, e cancerosa em suas relações com os outros. Cheia de si e entusiasmada com as vitórias retumbantes, a ciência empírica transformou-se em *cientificismo*, a convicção de que não existe realidade a não ser aquela revelada pela ciência, nem verdade, salvo aquela fornecida pela ciência. Os domínios subjetivo e interior, ou seja, o EU e o NÓS, foram nivelados em processos objetivos, exteriores e empíricos, atomísticos ou sistemáticos. A própria consciência, bem como a mente, o coração e a alma da humanidade não podiam ser examinados por um microscópio, por um telescópio, por uma câmara escura ou por uma chapa fotográfica, e portanto foram declarados epifenomenais, na melhor das hipóteses, e ilusórios, na pior delas.

Todas as dimensões interiores — moral, expressão artística, introspecção, espiritualidade, percepção contemplativa, significado, valor e intencionalidade — foram descartadas pela ciência monológica, pois nenhuma delas podia ser registrada pelo olho da carne ou pelos instrumentos empíricos. Arte, moral, contemplação e espírito, tudo foi arrasado pelo touro científico na loja de porcelanas da consciência. E foi esse o desastre da modernidade.

Os Terrenos Planos

Podemos também chamar essa desgraça de "colapso do Cosmo", pois os três grandes domínios — arte, ciência e moral — depois de sua heróica diferenciação, aglomeraram-se grosseiramente num único domínio "real", o da ciência empírica e monológica, um mundo constituído apenas de um ELE inexpressivo, vagando numa planície unidimensional. A visão científica de mundo é a de um universo composto inteiramente de processos objetivos, descritos não na linguagem do EU ou do NÓS, mas apenas na do ELE, sem consciência, sem íntimo, sem valores, sem significado, sem profundidade e sem Divindade.

E, ao contrário do que afirmam alguns dos pensadores do "novo paradigma", a visão de mundo da ciência, quase desde o princípio, foi uma visão sistemática ou holística. Os filósofos e cientistas do Iluminismo concebiam a natureza e o homem como um sistema, grande e entrelaçado, com cada um dos aspectos perfeitamente articulado com os demais. Essa "grande ordem entrelaçada", como demonstraram diversos teóricos, de Charles Taylor a Arthur Lovejoy, resumia as concepções definidoras do Iluminismo e da visão de mundo científica moderna.

O problema, em outras palavras, não era o fato de a visão científica de mundo ser atomística em vez de holística, pois ela era básica e geralmente holística desde o começo. Não, o problema era que ela se constituía num *holismo plano e monótono*. Não era um holismo que continha todos os reinos interiores do EU e do NÓS, inclusive o olho da contemplação. Seria, antes, um holismo, uma teoria de sistemas, que não compreendia nada a não ser o ELE, nada que não fossem processos objetivos que transcorressem através de cadeias de informação, ou da gravidade agindo a distância sobre os objetos, ou reações químicas de ocorrências atômicas, ou sistemas objetivos convivendo com outros sistemas objetivos, ou cadeias de fornecimento de dados cibernéticos, ou *bits* correndo em circuitos neurais. Em nenhum lugar da teoria de sistemas (ou no holismo plano) poderia ser encontrada qualquer coisa parecida com beleza, poesia, valores, desejo, amor, honra, compaixão, caridade, Deus ou Deusa, Eros ou Ágape, sabedoria moral ou expressão artística.

Em outras palavras, tudo o que poderia ser encontrado seria um sistema holístico entrelaçado de ELES. E foi a redução de todas as esferas de valores a ELES monológicos, perceptíveis pelo olho da carne que, mais do que qualquer outro fator, constituiu-se no fracasso da modernidade.

A Face do Hoje

É verdade que nenhuma das culturas pré-modernas teve uma dissociação ou um colapso tão desastroso, mas apenas porque nenhuma delas teve uma diferenciação como essa, em que a dissociação se transformou numa patologia. As culturas pré-modernas não apresentaram um desastre assim, precisamente porque elas também não possuíam as correspondentes dignidades e, portanto, não poderiam servir de modelo para a desejada integração. A cura para o desastre da modernidade é voltar os olhos para a dissociação, e não tentar pôr fim à diferenciação!

Essa dissociação, essa doença, esse desenvolvimento patológico, esse colapso do Cosmo, têm um significado profundo na compreensão do que aconteceu com o Espírito no mundo moderno. A Grande Cadeia do Ser, a espinha dorsal de todas as culturas humanas anteriores à modernidade, desmoronou diante dos ELES impenitentes. Todos os níveis e esferas superiores, inclusive mente e alma, espírito, bondade e beleza, foram meticulosamente erradicados da face do Cosmo, deixando em seu lugar terra e poeira, sistemas e areia, matéria e massa, objetos e ELES. Um vento frio e indiferente, monológico em seus métodos e calculista em sua loucura, soprou através de uma paisagem plana e desbotada, a paisagem que agora contém, como poeira num canto, as nossas faces, a sua e a minha.

5

Os Quatro Cantos do Universo Conhecido

MESMO SE RECONHECERMOS A dignidade da modernidade, ainda teremos de combater-lhe o desastre. Como vimos no capítulo anterior, o pesadelo não é o fato de a ciência ser atomística em vez de holística. A desgraça é que a ciência, em si mesma — empírica, monológica, instrumental e detentora da linguagem do ELE, tanto na forma atomística quanto na holística — invadiu as outras esferas de valores, inclusive a percepção interior, a psique, a alma, o espírito, os valores, a moral, a ética e a arte, reduzindo tudo a uma colônia própria, e que teria o poder de decidir o que fosse e o que não fosse real.

O real seria qualquer entidade ou processo comprováveis, que pudessem ser descritos em processos destituídos de valor, empíricos e monológicos, na linguagem do ELE. Esses objetos, ou ELES, possuíam o que Whitehead chamou de *localização simples*: podemos colocar o dedo neles, literal ou figurativamente, podemos vê-los com nossos sentidos ou suas extensões. As moléculas são reais, como o cérebro, os planetas, as galáxias e os ecossistemas o são. Tudo isso são entidades objetivas, empíricas, exteriores e positivistas: é como se pudéssemos tocá-las.

Mas não podemos tocar na compaixão, pois esta não tem uma localização simples. Não podemos tanger a consciência, que também não tem uma localização simples. Não podemos colocar as mãos na honra, nos valores, no amor, na justiça, na moral, na visão ou em *satori*, pois nenhuma das dimensões *interiores* do EU e do NÓS tem uma localização simples. Elas se localizam em espaços interiores e não em espaços exteriores. Não podemos tocá-las.

E certamente não podemos tocar em Deus. Ele não pode ser tocado e, portanto, segundo a ciência e sua crença na localização simples, Deus não pode existir. De fato, de acordo com a concepção do terreno plano, nenhuma das dimensões e modalidades de conhecimento interiores possui uma realidade substancial. Apenas os ELES objetivos são reais.

O desastre da modernidade, em suma, era que as dimensões *interiores* (do EU e do NÓS) foram reduzidas a superfícies *exteriores* (dos ELES objetivos), as quais, é claro, destroem completamente as dimensões interiores em seus próprios termos.

Com esse colapso do Cosmo, não há mais espaço para qualquer apreensão interior. O fato de que essa visão interior possa ser da poesia ou de Deus não faz a menor diferença, pois nenhuma delas possui qualquer realidade substancial ou irredutível que seja.

É por isso que a ciência moderna não se impressiona com o pluralismo epistemológico. Aquilo que poderia fazer sentido para pessoas mais esclarecidas, como você e eu — ou seja, que outras modalidades de conhecimento possam revelar outras realidades igualmente válidas, de forma que a ciência e a religião possam coexistir pacificamente —, é totalmente rejeitado pela ciência logo de saída, simplesmente porque a desejada integração envolve termos que a ciência não acredita serem reais. Por que, pergunta a ciência, deveríamos tentar integrar o Papai Noel? Por que integrar patologia, ilusão e erros? Por que incluir holisticamente aquilo que não faz sentido?

Dessa forma, deparamo-nos com a questão mais importante e central na relação entre a ciência e a espiritualidade: a verdadeira ligação de todas as *realidades interiores* com as *realidades exteriores*. Quando a moderna ciência empírica rejeitou a realidade dos domínios interiores, na verdade ela *rejeitou toda a Grande Cadeia do Ser*, pois todos os níveis desta, com exceção do inferior (o corpo material) são *realidades interiores* do EU e do NÓS, dos âmbitos intersubjetivos. Rejeitar os interiores era rejeitar a Grande Cadeia e também, portanto, a essência das grandes tradições espirituais.

Assim, podemos resumir todo o colapso do Cosmo e a rejeição da Grande Cadeia pela modernidade, dizendo que todos os interiores foram reduzidos a exteriores. Todos os sujeitos foram reduzidos a objetos; toda profundidade resumiu-se a superfícies; todos os EUS e NÓS foram reduzidos a ELES; a qualidade resumiu-se em quantidade; os níveis de significado reduziram-se a níveis de tamanho; o valor se transformou em verniz; aquilo que era translógico e dialógico passou a ser monológico. Foi-se o olho da contemplação e o olho da mente; apenas os dados do olho da carne seriam reconhecidos como realidade primária, pois apenas os dados sensoriais possuíam localização simples, aqui neste mundo desolado de planícies monocromáticas.

Interior e Exterior

Eis o problema central, a principal razão pela qual a ciência moderna rejeitou a religião e o maior motivo pelo qual as modalidades elevadas e interiores foram substituídas por um monopólio monológico e exterior: na visão tradicional do pluralismo epistemológico, e na Grande Cadeia do Ser, usando a versão simplificada de corpo, mente, alma e espírito, o corpo material, o degrau inferior, é que estava à disposição da ciência, e o papel desta, limitado mas importante, era investigar esse domínio material. Mas mente, alma e espírito "transcendiam" o corpo e assim não tinham referências importantes no próprio corpo. Em algumas versões da Grande Cadeia, os níveis mais elevados não tinham nenhuma ligação com o corpo e assim, acreditava-se, a ciência não dava nenhuma contribuição ou opinião a respeito dessas realidades mais elevadas e mais significativas.

Mas quando a ciência moderna, libertada da servidão aos dogmas religiosos pela diferenciação das esferas de valores, começou a investigar o corpo orgânico (o próprio organismo) descobriu que muitas das realidades "mais elevadas" ou "transcendentes" estavam na verdade profundamente ligadas ao corpo e ao seu cérebro orgânicos: eram funções do organismo como um todo, e não funções de hipotéticos reinos celestes. A consciência, por exemplo, parecia estar intimamente ligada ao cérebro orgânico, um profundo reconhecimento que inexistia completamente em quase todas as culturas pré-modernas.

Assim, se o reino mais elevado da "mente transcendental" era na verdade uma função do corpo orgânico (ou do organismo como um todo) e se a religião e a metafísica ignoraram completamente essa conexão elementar, por que motivo os outros "reinos transcendentais" seriam diferentes? Será que essa "metafísica do outro mundo" não envolveria *funções do organismo natural*, o organismo *deste mundo*, que seriam mais bem estudadas pela ciência empírica e não relegadas aos reinos invisíveis manipulados por místicos duvidosos?

Quando a ciência descobriu que a mente e a consciência estavam apoiadas no organismo natural e não apenas flutuando em algum lugar dos reinos "mais elevados", a Grande Cadeia do Ser levou um grande choque, do qual nunca se recuperou. E, a menos que esse golpe possa ser enfrentado de maneira direta, satisfazendo a essência tanto das reivindicações religiosas quanto científicas, a possibilidade de qualquer integração entre elas será muito remota.

Vimos que, para integrar ciência e religião, precisamos primeiro integrar a Grande Cadeia com as pretensões da modernidade. Vemos agora que grande parte dessa tarefa consiste em investigar a relação entre as realidades *interior* e *exterior*. As religiões pré-modernas deram muita ênfase às modalidades interiores de conhecimento (mental e espiritual), enquanto a modernidade, tanto na sua dignidade quanto no desastre, deu uma ênfase sem precedentes aos modos exteriores; com o materialismo científico, *só* o exterior era real. Assim, de muitas maneiras, a batalha entre pré-moderno e moderno é uma luta entre interior e exterior.

Tenho a firme convicção de que, a menos que consigamos encontrar uma forma para que *ambas* essas reivindicações sejam verdadeiras — a transcendental e a empírica, a interior e a exterior —, jamais chegaremos a integrar genuinamente a ciência e a religião.

Os Quatro Quadrantes

É claro que a Grande Cadeia do Ser é uma hierarquia: cada um dos níveis mais elevados transcende mas inclui seus predecessores. Como vimos no primeiro capítulo, ela é melhor representada não como uma escada, mas como uma série de círculos, ou ninhos, concêntricos, cada ninho maior envolvendo ou englobando seus inferiores. Na versão de Plotino, por exemplo, existem: matéria, vida, sensação, percepção, impulso, imagens, conceitos, faculdade lógica, raciocínio criativo, alma do mundo, *nous* e o Um, sendo cada *desenvolvimento* mais elevado um *envolvimento* de seus predecessores.

A moderna ciência de sistemas também tem a sua hierarquia geral, em que cada um dos termos também transcende e inclui seus predecessores: partículas subatômicas, átomos, moléculas, células, tecidos, organismos, colônias e comunidades, biosfera e universo.

É fascinante notar que *tanto a religião pré-moderna quanto a ciência moderna possuem uma hierarquia definidora*, e ambas são compostas de *ninhos envolventes de progressiva abrangência* (desenvolvimento que é envolvimento). E apesar disso, essas duas grandes hierarquias, extremamente influentes, jamais concordaram entre si. Por ironia, elas parecem estar falando da mesma coisa (ou seja, uma série gradativa de realidades), todavia seus termos principais jamais coincidem de fato. É claro que, se pudéssemos encontrar alguma forma para que essas duas hierarquias se relacionassem mutuamente, daríamos um passo importante no sentido da desejada integração entre o pré-moderno e o moderno.

Para estudar esse problema, pesquisei exaustivamente algumas centenas de hierarquias; entre elas a teoria de sistemas, as ciências ecológicas, a cabala, a psicologia desenvolvimentista, o budismo iogachara, o desenvolvimento moral, a evolução biológica, o hinduísmo vedanta, o neoconfucionismo, a evolução cósmica e estelar, *hwa yen*, o *corpus* neoplatônico e toda uma gama de ninhos pré-modernos, modernos e pós-modernos. Depois de relacionar essas centenas de hierarquias, tentei agrupá-las de diversas formas e notei que, sem exceção, elas se enquadravam em um entre quatro tipos principais.

Esses quatro tipos de hierarquias, que denominarei de quatro quadrantes, estão resumidas na figura 5-1.

A figura 5-1 é um simples esquema, longe de ser completo ou exaustivo, mas apenas uma amostra representativa dessas hierarquias principais. Logo se evidencia que esses quatro tipos diferentes de hierarquias lidam simplesmente com o *interior* e o *exterior* do *indivíduo* e do *coletivo*, como veremos adiante. O interessante é que, embora esses tipos principais de hierarquias sejam diferentes, estão profundamente relacionados e conectados, de maneiras intrinsecamente necessárias.

Mas o mais fascinante é que descobri que a hierarquia clássica da religião tradicional e a hierarquia padrão da ciência moderna são simplesmente dois desses quatro tipos de hierarquias. Como tal, elas estão profundamente interligadas entre si, mas fazem parte também de uma rede ainda maior de padrões hierárquicos. Elas são parte de uma rede universal que envolve, não apenas dois mas quatro tipos principais de hierarquias que estão correlacionadas, contudo, de maneira vital.

Eis aqui um desenvolvimento interessante. O que acontece se esses quadrantes, esses quatro tipos de hierarquia, forem mesmo verdadeiros? Uma vez que variações dessas quatro hierarquias aparecem extensivamente através de culturas e épocas — pré-modernas, modernas e pós-modernas — seria isso uma indicação de que elas estejam apontando para certas realidades irredutíveis? E se os quatro

56 A União da Alma e dos Sentidos

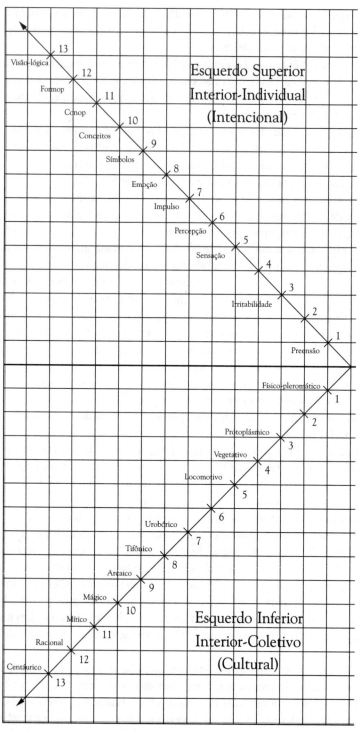

FIGURA 5-1 — OS QUATRO QUADRANTES

Os Quatro Cantos do Universo Conhecido   57

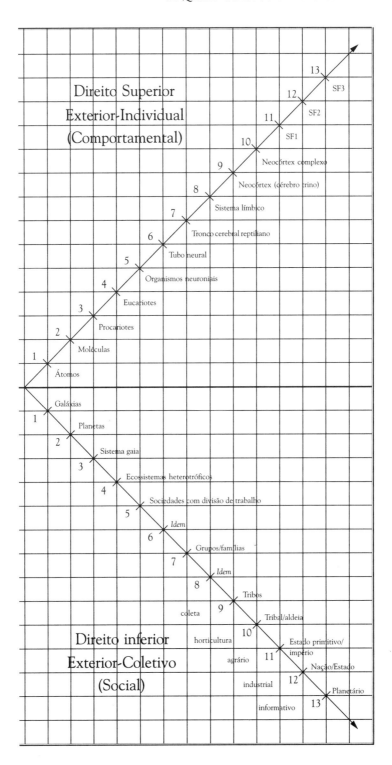

quadrantes forem um aspecto intrínseco do próprio Cosmo? Uma vez que elas incluem tanto o domínio interior quanto o exterior, poderiam os quatro quadrantes oferecer uma série de elos decisivos para a relação entre religião e ciência? Será que elas contêm a chave secreta para a integração das próprias esferas de valores?

Talvez sim, talvez não. Mas isso certamente parece promissor. Comecemos por examinar os quadrantes, um de cada vez, analisando seus contornos mais de perto.

O Exterior do Indivíduo

O quadrante direito superior é a versão científica padrão dos componentes individuais do universo: átomos, moléculas, células simples (procariotes e eucariotes), organismos multicelulares, incluindo, em complexidade crescente, organismos com tecidos neurais, tronco cerebral reptiliano, sistemas límbicos de paleomamíferos, neocórtex e neocórtex complexo (com suas próprias estruturas de funções mais elevadas denominadas de "SF1", "SF2" e "SF3").

Essa hierarquia revela um aumento *assimétrico* na capacidade *holística*. "Assimétrico" significa "que não é equivalente": os átomos contêm nêutrons, mas os nêutrons não contêm átomos; as moléculas contêm átomos, mas não estão contidas neles; as células contêm moléculas mas não vice-versa. Essa falta de simetria estabelece uma *hierarquia irreversível de integridade crescente*; holismo crescente, unidade e integração crescentes. Essas hierarquias são progressivamente mais elevadas e contêm sucessivamente totalidades mais elevadas, mais profundas ou mais extensas.

Em outras palavras, cada unidade sucessiva *transcende* mas *inclui* suas predecessoras. Cada elemento superior contém ou abrange seus inferiores como elementos de sua própria composição, mas aos quais acrescenta alguma coisa *nova*, distintiva e definidora que não é encontrada no nível mais baixo: ele transcende e inclui.

Outra maneira de definir seria: cada elemento é um *inteiro* que é ao mesmo tempo uma *parte* de outro inteiro; um átomo inteiro é uma parte de uma molécula inteira, uma molécula inteira é uma parte de uma célula inteira, uma célula inteira é uma parte de um organismo inteiro, e assim por diante. Cada elemento não é um inteiro nem uma parte, mas um inteiro parte.

Arthur Koestler cunhou a maravilhosa palavra *hólon* para se referir a tais "inteiros/partes". Virtualmente todas as hierarquias naturais, em todos os domínios, são compostas de hólons: inteiros que são simultaneamente partes de outros inteiros. Por essa razão, Koestler afirmou que a palavra *hierarquia* deveria ser substituída por *holarquia*. Todas as hierarquias naturais, ou seja, todas as holarquias naturais, são compostas de inteiros/partes, ou hólons, e revelam uma ordem crescente de integridade, unidade e integração funcional.

(A menos, é claro, que ocorra uma patologia na holarquia. As holarquias evoluem e se desenvolvem, como vimos, por processos de diferenciação-e-integração e, caso alguma coisa saia errada em algum dos dois, surge uma patologia. A maioria dos críticos da hierarquia confunde a holarquia natural com uma holarquia patológica, e termina catastroficamente condenando ambas, o que deve ser evitado. Usarei os dois termos "hierarquia" e "holarquia", alternadamente, para me referir à sua forma natural e normal, e "hierarquia patológica" ou "holarquia patológica" quando se apresentarem aberrações.)

O fato de cada hólon ser na verdade um inteiro/parte coloca-o numa situação de profunda tensão: para poder existir, ele deve manter sua própria identidade, funções ou propriedades como um inteiro relativamente autônomo. Mas ele *também* precisa se ajustar aos outros hólons que fazem parte intrínseca do seu ambiente. Dessa forma, cada hólon precisa manter não apenas suas próprias *funções* como também sua própria *comunhão*, sua extensa rede de relacionamentos, da qual depende a sua própria existência. Se algum hólon romper profundamente sua função (como um todo), ou a sua comunhão (como uma parte), ele simplesmente deixará de existir.

O Exterior do Coletivo

O quadrante direito superior é, pois, o desdobramento evolutivo dos hólons individuais, conforme a ciência moderna. Se olharmos agora para as *comunidades* ou *sociedades* desses hólons, também de acordo com a ciência moderna, veremos o quadrante direito inferior, que também chamo de *social*.

À primeira vista, esse quadrante pode parecer confuso, uma vez que no quadrante direito superior cada nível fica *maior* (por exemplo: as moléculas são maiores do que os átomos, pois elas contêm átomos como subhólons), mas no quadrante direito inferior cada nível mais elevado se torna *menor*. Isso muitas vezes confunde os teóricos que tentam correlacionar as várias holarquias, pois essa holarquia parece estar correndo para trás. O que acontece aqui?

Erich Jantsch foi o primeiro a apontar que, em quase todas seqüências evolutivas ou desenvolvimentistas, nas quais os hólons *individuais* ficam maiores em comparação com o nível anterior, suas formas coletivas ou *comunais* em geral se tornam menores, por duas razões. Primeira: uma vez que os hólons individuais incluem e contêm seus predecessores, sempre haverá menos hólons quanto maior for o nível (*sempre* haverá menos células do que moléculas, menos moléculas do que átomos, menos átomos do que *quarks*, etc.). Segunda: uma vez que há menos hólons em cada nível mais elevado, quando eles se reúnem em suas formas sociais ou coletivas, o coletivo será menor do que o seu predecessor. Assim, como se pode notar no quadrante direito inferior, as famílias são menores do que os ecossistemas, que são menores do que os planetas, que são menores do que as galáxias.

Isso pode ser resumido na seguinte fórmula: a evolução produz maior profundidade e menor envergadura. "Profundidade" se refere ao número de níveis na hierarquia de qualquer hólon, e "envergadura" se refere ao número de hólons nesse nível. Cada hólon mais elevado tem mais profundidade (ele contém mais hólons prévios em sua própria composição), mas há menos hólons naquela profundidade maior e portanto o coletivo se torna cada vez menor: é a chamada *pirâmide do desenvolvimento*.

O quadrante direito inferior, portanto, é simplesmente um resumo das formas coletivas de hólons na medida em que estes evoluíram, conforme a moderna ciência empírica e de sistemas.

O Interior do Indivíduo

Se olharmos agora para o quadrante esquerdo inferior, veremos uma outra hierarquia, desta vez a *percepção interior*. Essa holarquia avança da simples preensão à irritabilidade (que é a capacidade do protoplasma de responder aos estímulos exteriores), à sensação, percepção, impulso, emoção, imagens e símbolos, conceitos, regras e operações concretas ("conop"), cognição formal-reflexiva ("formop") e visão criativa ("visão lógica").

Essa hierarquia também é uma holarquia, pois se compõe de hólons. Cada hólon superior inclui, como elementos de sua própria composição, o hólon (ou hólons) inferior, mas adicionando uma capacidade especial e nova, não encontrada nos níveis mais baixos. Assim, cada nível é um inteiro que faz parte de um inteiro do próximo nível mais alto. Cada nível é um inteiro/parte, um hólon, que possui tanto função (totalidade) quanto comunhão (participação).

Essa holarquia é, naturalmente, uma holarquia *interior* e por essa razão todo esse domínio era originalmente negado e rejeitado pelo materialismo científico, pelo behaviorismo e pelo positivismo. A moderna reivindicação behaviorista era de que a intencionalidade mental não tinha realidade a não ser em suas manifestações exteriores em comportamentos observáveis específicos. A própria "mente" seria uma "caixa-preta", não observável pela ciência empírica (ou seja, não perceptível pelo olho exterior da carne), e portanto não aberta à observação científica, o que pode ser traduzido como: sem existência real. O colapso do Cosmo incluiu uma agressiva tentativa de transformar toda psicologia interior em behaviorismo exterior, e só lentamente os domínios psicológicos começaram a reconquistar um certo reconhecimento.

Mas no momento não estamos procurando decidir qual desses quadrantes é "real" ou "importante", ou qual é o mais "significativo". Estamos simplesmente vendo os resultados de uma pesquisa de dados baseada em investigadores renomados que relataram seus achados em cada um desses quadrantes. Assim, temos de "isolar" qualquer tentativa de reducionismo, até que terminemos a análise.

Se olharmos para a pesquisa registrada no quadrante esquerdo superior da figura 5-1, notaremos que a listagem apresentada é a de uma hierarquia mais ou menos padronizada, uma versão daquilo que é aceito pela maioria dos psicólogos desenvolvimentistas modernos, de Abraham Maslow, Jean Piaget, Lawrence Kohlberg, Carol Gilligan a Jane Loevinger. Ademais, é uma hierarquia também similar àquela apresentada pelos psicólogos tradicionais e clássicos, de Aristóteles e Plotino a Asanga e Aurobindo. Isso será tratado mais pormenorizadamente nos próximos capítulos. O que todos relatam, e com o que concordam de modo geral, são alguns contornos básicos do interior do indivíduo, se examinarmos atentamente.

Notem a diferença entre o interior do indivíduo, como por exemplo a mente, e o exterior do mesmo, como o cérebro. A mente é conhecida por conhecimento direto; o cérebro, por uma descrição objetiva. Conhecemos a nossa mente direta, imediata e intimamente: todos os pensamentos, sentimentos, aspirações e desejos que percorrem a nossa consciência o tempo todo. O cérebro, por outro lado, embora se localize "dentro" do organismo, não está no *interior* da nossa consciência, como a mente. O cérebro é percebido de uma forma exterior e objetiva. Ele consiste de sistemas, como o neocórtex, e neurotransmissores, como a dopamina, a acetilcolina e a serotonina. Mas jamais sentimos diretamente algo que podemos identificar, por exemplo, como a dopamina. Não nos levantamos pela manhã dizendo: "Que belo dia 'dopamínico'!" Na verdade não podemos nem mesmo ver o nosso cérebro, a menos que possamos abrir o crânio e olhar com um espelho. Mas a mente, podemos ver agora mesmo.

Portanto, em última análise, a mente e o cérebro são duas visões diferentes da nossa consciência individual, uma de dentro e outra de fora; uma interior e outra exterior. Cada uma possui uma fenomenologia bastante diversa, elas "parecem" bem diferentes uma da outra. O cérebro se assemelha a uma toronja murcha; já a mente, bem... ela se parece com todas as alegrias, desejos, tristezas, esperanças, temores, metas e idéias que preenchem a nossa consciência por dentro. Não há dúvida de que o cérebro e a mente estejam intimamente ligados: eles se constituem nos aspectos da mão direita e da mão esquerda da nossa consciência individual, mas eles também têm algumas diferenças profundas que evitam que um deles se reduza ao outro sem deixar vestígios.

No momento, portanto, simplesmente registraremos o fato de que os pesquisadores, que investigaram os aspectos interiores dos hólons individuais em seus próprios termos, concordam de modo geral quanto à holarquia mostrada no quadrante esquerdo superior da figura 5-1.

O *Interior do Coletivo*

Os hólons individuais do quadrante esquerdo superior existem em comunidades, como todos os hólons. Quando as cognições individuais e subjetivas são partilhadas ou permutadas com outros indivíduos, o resultado é *uma visão de mundo coletiva* ou um ponto de vista comum. À medida que os hólons cognitivos individuais se desenvolvem e evoluem; à medida que a consciência dos indivíduos aumenta em profundidade, desde simples sensações até imagens, conceitos e raciocínio (esquerda superior); também a visão de mundo coletiva se torna mais profunda e mais complexa (esquerda inferior).

Essa *visão de mundo coletiva* está resumida no quadrante esquerdo inferior da figura 5-1. O significado dos termos (como por exemplo: "urobórico" significa "réptil"; "tifônico" quer dizer "paleomamífero", etc.), irá ficando mais claro quando nos adiantarmos no assunto. Enquanto o quadrante esquerdo superior representa a consciência individual, interior e *subjetiva*, o esquerdo inferior representa as formas de consciência coletivas ou *intersubjetivas*, os significados, valores e contextos culturais sem os quais a consciência individual não se desenvolveria nem funcionaria.

Também esse quadrante representa um consenso geral entre aqueles que pesquisaram a evolução dos hólons culturais em seus próprios termos. No reino humano, por exemplo, a evolução do arcaico ao mágico, mítico e mental tem sido extensamente documentada por estudiosos como Jean Gebser, Gerald Heard, Erich Neumann, Roberto Bellah e Jürgen Habermas, este último considerado o maior filósofo social vivo do mundo, com o que também concordo.

Notem que estaremos nos referindo ao interior do coletivo como *cultural* e ao exterior do mesmo como *social*. Ambos são aspectos intrínsecos daquilo que somos, mas um é percebido por dentro e o outro por fora.

As Quatro Faces do Cosmo

Se olharmos para esses quadrantes e tentarmos definir exatamente como e por que eles se ajuntam, o que *são* esses quadrantes e o que significam realmente, notaremos logo que os dois quadrantes do lado direito representam realidades *objetivas* ou *exteriores* e os dois do lado esquerdo representam realidades *subjetivas* ou *interiores*. Em outras palavras, os quadrantes da mão direita são os hólons vistos *pelo lado de fora*, num tipo de investigação objetivo, empírico e científico. Os quadrantes da mão esquerda são os hólons vistos *pelo lado de dentro*, pelo interior, como parte da consciência e experiência vividas diretamente.

Da mesma forma, tudo que está no lado direito tem uma *localização simples*, ou localização no mundo sensório-motor e empírico. Mas nada do que está no lado esquerdo tem uma localização simples, pois esses hólons não estão localizados num espaço físico, mas em espaços emocionais, mentais e cognitivos (espaços de intenção e não simplesmente espaços de extensão). Assim, podemos apontar para uma pedra, um planeta, uma cidade, uma família, um ecossistema; todos possuem uma localização simples; mas não podemos apontar para amor, inveja, orgulho, alegria ou compaixão: os primeiros são realidades exteriores, ou do Lado Direito; os últimos, realidades interiores ou do Lado Esquerdo.

Enquanto a mão direita é exterior e a esquerda é interior, a metade superior é individual e a inferior é coletiva ou comunal. Juntando tudo isso, os quatro quadrantes representam o exterior e o interior do individual e do coletivo. Em suma: os aspectos intencionais, comportamentais, culturais e sociais dos hólons em geral.

Como podemos notar na figura 5-1, cada um desses aspectos tem *correlatos* em todos os outros. Cada um está intimamente relacionado com os demais, pela simples razão de que não podemos ter algo interior sem ter também um exterior, ou um plural sem um singular. Portanto, proponho que os quatro quadrantes sejam *aspectos ou características intrínsecas do próprio Cosmo*. Eliminando-se qualquer um dos quadrantes, os outros desaparecerão, pois existem todas essas facetas para qualquer fenômeno dado. Creio que o significado de tudo isso se tornará mais claro à medida que nos adiantarmos.

Como foi indicado, o mais interessante sobre os quatro quadrantes é que eles são geralmente aceitos por estudiosos que atuam em diversos campos. A seqüência de átomos, moléculas, células e organismos é plenamente reconhecida pelos cientistas. A seqüência de sensação, percepção, impulso, símbolos e conceitos é geralmente aceita pelos psicólogos desenvolvimentistas, antigos e modernos. A existência dos exteriores do coletivo, quer sejam galáxias e planetas ou formas de produção tecno-econômica (de coleta, horticultural e agrária), é largamente reconhecida pelos estudiosos sérios da área. E as diversas visões de mundo (tais como arcaica, mágica, mítica e mental) foram investigadas por pesquisadores renomados, os quais, a despeito de algumas diferenças, apresentam um relato bastante semelhante de sua seqüência na história da humanidade.

O problema, como veremos, é que muitos dos estudiosos, especializados em apenas um dos quadrantes, negam a importância ou mesmo a existência dos outros. E isso é um resultado direto do colapso do Cosmo, do desastre da modernidade que nega a realidade a todas as dimensões interiores. Mas, se olharmos para os quatro quadrantes sem tentar reduzi-los a um dos demais, teremos uma surpresa.

Os Três Grandes: Eu, Nós e Ele

Vimos que a essência da modernidade foi a diferenciação disseminada da arte, moral e ciência (ou EU, NÓS e ELE). Mas se examinarmos os quadrantes, descobriremos que esses se correlacionam exatamente com esses domínios. O quadrante esquerdo superior é descrito na linguagem do EU, o quadrante esquerdo inferior na linguagem do NÓS e os dois quadrantes direitos, por serem exteriores e objetivos, são descritos na linguagem do ELE.

Assim, numa volta surpreendente, retornamos às "Três Grandes" esferas culturais de valores: arte, moral e ciência; o Belo, o Bom e a Verdade; EU, NÓS e ELE. Eis aqui alguns aspectos dessas importantes dimensões:

> EU (*esquerda superior*): consciência, subjetividade, eu e auto-expressão (inclusive arte e estética); verdade, sinceridade; irredutibilidade e percepção viva imediata; relatos na primeira pessoa do singular.
>
> NÓS (*esquerda inferior*): Ética e moral, visões de mundo, contexto comum, cultura; significado intersubjetivo, compreensão mútua, pertinência, justiça; relatos na primeira pessoa do plural.
>
> ELE (*lado direito*): ciência e tecnologia, natureza objetiva, formas empíricas (inclusive cérebro e sistemas sociais); verdade proposicional (ajustagem singular e funcional); exterior objetivo tanto dos indivíduos quanto dos sistemas; relatos na terceira pessoa.

Refiro-me a essas esferas de valores como as "Três Grandes", pois são as diferenciações mais significativas da modernidade, destinadas a cumprir um papel essencial em muitas áreas da vida. Essa idéia não é somente minha. As Três Grandes são reconhecidas por muitos pesquisadores. São os três mundos de sir Karl Popper: subjetivo (Eu), cultural (Nós) e objetivo (Ele). São as três reivindicações de validade de Habermas: sinceridade subjetiva (Eu), justiça intersubjetiva (Nós) e verdade objetiva (Ele). São a Beleza, o Bem e a Verdade de Platão. Elas aparecem até mesmo no budismo como Buda, Dharma e Sangha (o Eu, o Ele e o Nós do Real, como veremos mais adiante).

De enorme importância histórica, as Três Grandes aparecem na trilogia de Kant, que tanta influência exerceu: *Crítica da razão pura* (ciência objetiva), *Crítica da razão prática* (moral) e *Crítica do julgamento* (julgamento estético e arte). Poderíamos citar dezenas de exemplos, mas esse é o quadro geral das Três Grandes, que são apenas uma versão resumida dos quatro quadrantes.

O fato de esses quadrantes, ou simplesmente das Três Grandes, serem o resultado de extensas pesquisas em centenas de holarquias; o fato de que elas reaparecem em inúmeras culturas e quase que universalmente; o fato de que elas são recorrentes nas obras dos filósofos, desde Platão até Popper; o fato de que elas resistem tenazmente a serem reduzidas ou eliminadas; tudo isso deveria nos revelar alguma coisa, deveria nos mostrar como elas estão profundamente gravadas no Cosmo, que elas são a urdidura e a trama do tecido do Real, anunciando verdades perenes sobre o nosso mundo, sobre o seu interior e exterior, sobre suas formas individuais e comunais. Deveriam, portanto, dizer-nos que estamos simplesmente contemplando as quatro faces do Cosmo, os quatro cantos do mundo conhecido e que nenhum deles desaparecerá, por mais que fechemos os nossos olhos.

Modernidade e Planura

Chegamos agora a um ponto absolutamente crucial, ou seja, o ponto em que a *diferenciação* das Três Grandes (a dignidade da modernidade) degenerou na *dissociação* das mesmas (o desastre da modernidade). Essa dissociação levou a uma ciência empírica explosiva, combinada com modalidades desenfreadas de produção industrial — *ambas enfatizando apenas o conhecimento e a tecnologia do ELE* — para dominar e colonizar as outras esferas de valores, efetivamente destruindo-as em seus próprios termos.

Assim, o lado esquerdo, das dimensões *interiores*, foi reduzido aos seus correlatos do lado direito ou *exteriores*, o que demoliu completamente a Grande Cadeia do Ser e, com ela, as asserções essenciais das grandes tradições de sabedoria.

Esquerda reduzida à direita. Eis aqui, em poucas palavras, o desastre da modernidade, que foi o "desencanto do mundo" (Weber), a "colonização das esferas de valores pela ciência" (Habermas), o "amanhecer da desolação" (T. S. Eliot), o nascimento do "homem unidimensional" (Marcuse), a "profanação do mundo" (Schuon), o "universo desqualificado" (Mumford).

Em outras palavras, o desastre conhecido como *planura*.

PARTE II

※

Tentativas Anteriores de Integração

6

Encantar o Mundo Novamente

UM MAPA DO UNIVERSO, que vem sendo traçado desde fins do século XVIII e que continua até os dias de hoje, na disposição oficial das ciências empíricas e de sistemas, seria constituído apenas pelo lado direito da figura 5-1. Hólons interiores, tais como imagens, símbolos e conceitos não tinham uma realidade substancial *em si mesmos*; eles eram apenas *representações* de algo existente no mundo do Lado Direito, o mundo material, que era o único real.

Assim, na psicologia empírica e comportamental, que invadiria e congelaria a alma ocidental por quase três séculos (e cujas versões sofisticadas ainda dominam a ciência cognitiva), a mente propriamente dita era uma *tabula rasa* (uma folha em branco) contendo apenas *figuras* do mundo do Lado Direito, sensório-motor e empírico. Não havia nada na mente que não existisse primeiro nos sentidos. Dessa forma, todas as modalidades elevadas de conhecimento (do olho da mente ao olho da contemplação), eram reduzidas, implacável e impiedosamente, a sensações empíricas, o que significa que elas eram completamente destruídas em seus próprios termos.

E foi assim que sucedeu, nesse conto de fadas inacabado, que as dimensões interiores do Cosmo foram simplesmente evisceradas e postas a secar ao sol escaldante do olho monológico. É importante observar que *isso não foi apenas, nem especialmente, um ataque às realidades espirituais*; foi um golpe em toda a extensão da consciência e percepção interiores e introspectivas da vida, um ataque às dimensões do Lado Esquerdo, como um todo, quer da parte "alta", quer da "baixa". *Nenhuma* dessas dimensões interiores possui uma localização simples no mundo sensório-motor e, portanto, nenhuma delas era primária e irredutivelmente real.

O que existia de fato era o mundo da matéria e energia, o mundo do materialismo científico. O fato de que essa realidade material fosse obrigatoriamente organizada em *sistemas holísticos de processos dramaticamente entrelaçados* não alterava em nada o fato de que os próprios sistemas fossem essencialmente empíricos, objetivos, positivistas e monológicos: em suma, um holismo plano de ELES entrelaçados.

Isso significava, é claro, que toda a Grande Cadeia do Ser havia desmoronado para o nível inferior, o dos eventos empíricos ou sensório-motores. Pois a Grande

Cadeia era, acima de tudo, a grande holarquia da consciência interior, que se desenvolveu de matéria, sensação, percepção, imagens, símbolos, conceitos, capacidades racionais e raciocínios superiores até as modalidades transracionais de alma e espírito. (Nota: a figura 5-1 representa apenas a evolução geral até o presente; portanto, os modos mais elevados de alma e espírito não estão incluídos. Mas toda a questão da "filosofia perene" ou das grandes tradições de sabedoria, de Platão a Asanga, de Plotino e Padmasambhava a *Lady* Tsogyal, é que existem *modalidades mais elevadas de desenvolvimento* acima da racionalidade [e do olho da mente], que são revelados na contemplação [no olho do espírito]. Esses modos mais elevados foram desconsiderados no quadrante Esquerdo Superior, não por terem sido escolhidos intencionalmente, mas porque todas as dimensões do Lado Esquerdo do Cosmo foram igualmente rejeitadas em sua totalidade. Continuaremos a desenvolver o importante tema dos desenvolvimentos mais elevados nos próximos capítulos). O que importa no momento é que, quando as dimensões interiores foram rejeitadas, toda a Grande Cadeia simplesmente ruiu.

E assim *o Ocidente moderno foi a primeira grande civilização, em toda a história da humanidade, a não possuir o Grande Ninho do Ser*. Em pouco mais de um século, toda a rica textura do Cosmo multidimensional sofreu um colapso tremendo e se transformou num sistema plano e desbotado de monótonos ELES, completamente destituído de consciência, solicitude, compaixão, preocupação, valores, profundidade e divindade.

O Universo Desqualificado

Esse desmoronamento do Cosmo, que o reduziu a objetos do Lado Direito e ELES, não se deu, conforme observamos anteriormente, como resultado de uma visão de mundo newtoniana em oposição a outra einsteiniana. Na verdade, tanto a ciência de Newton quanto a de Einstein (bem como a de Bohr, Planck e Heisenberg) contribuíram igualmente para esse colapso, ao promover a causa da ciência monológica à custa dos domínios subjetivo e intersubjetivo. Quanto maior era a autoridade da física e das ciências naturais, menos real e significativa parecia toda a gama de apreensões interiores: sabedoria moral, visões contemplativas, conhecimento interpretativo, percepções introspectivas, realidades estético-expressivas, nas quais repousavam todas as dimensões cósmicas do Lado Esquerdo. Quanto mais o mundo admirava Newton, Einstein, Kelvin, Clausius, Maxwell, Bohr, Planck e outros, tanto mais desesperadamente esperava obter desses homens e de seus conhecimentos monológicos, a sabedoria real e a desejada salvação.

O retumbante sucesso do empirismo científico, o qual havia dominado inteiramente a visão de mundo da modernidade, a tal ponto que mesmo os movimentos da contracultura ou contramodernidade se autodefiniam como uma *reação ao* materialismo científico, não foi ocasionado por nenhum tipo de intenção maldosa por parte dos próprios cientistas. De modo geral, havia (e há) pessoas decentes trabalhando cuidadosamente na investigação das dimensões do Lado Direito do

Cosmo. Mas elas foram tão bem-sucedidas que as outras interpretações, a da arte à moral, a da hermenêutica à contemplação, parecem pálidas e insignificantes em comparação àquelas. Foi uma inundação de riquezas, uma cornucópia de verdades que, devido a essa mesma exuberância, começou a sufocar as outras e mais suaves vozes do universo.

Mas não se enganem; essas outras vozes também contribuíram para a hegemonia daqueles obstinados, através de sua própria inveja e ciúme mal disfarçados. Então, a filosofia poderia produzir conhecimentos reais, como Newton? A teologia poderia provar a existência do Espírito com precisão científica? Deus se mostraria num laboratório? A Deusa poderia ser vista com um telescópio? Kant foi apenas o primeiro numa linha de teóricos que enrolariam a filosofia, a psicologia e a teologia, torcendo-as para obsequiar a luz ofuscante de Newton, Einstein, Planck e companhia.

E essa corrida para o Lado Direito era bem compreensível! Afinal, todos os hólons do Cosmo tinham pelo menos esses quatro aspectos ou dimensões: comportamental, intencional, cultural e social. Assim, cada evento do Lado Esquerdo possui correlatos no Lado Direito, conforme podemos ver na figura 5-1. Sempre que encontramos emoções, nos deparamos com um sistema límbico. Sempre que encontramos racionalidade intencional, há um neocórtex, e assim por diante.

Portanto, em vez de tentar adquirir conhecimentos introspectivos, o que, afinal, é algo muito delicado e geralmente difícil de ser determinado com certeza, vamos simplesmente estudar o cérebro e seus processos empíricos. Em vez de alegria, pesquisemos os níveis de dopamina. Em vez de depressão, olhemos para a serotonina nas sinapses. Em vez da angústia interior, examinemos as quantidades empíricas de acetilcolina no hipotálamo. Pois esses, afinal de contas, podem ser *vistos empiricamente* e *medidos* com o olho da carne. Eles têm localização e extensão simples. Seus resultados podem ser repetidos em experiências similares. Vamos, pois, acabar com aquela bobagem "introspectiva" e passar toda essa história de consciência para o âmbito das variáveis que podem ser registradas empírica e cientificamente. Olhemos para o mundo do Lado Direito!

Mas não foi a investigação dos aspectos do Lado Direito do Cosmo que causaram o colapso moderno. Mais do que isso, foi a crença, cada vez maior, de que todas as dimensões do Lado Esquerdo eram apenas eventos do Lado Direito interpretados incorretamente. Uma experiência religiosa não era realmente a descoberta de realidades espirituais, mas simplesmente uma forte descarga de dopamina no cérebro. Deus (ou tudo que era sagrado) não era necessário e nem entrava no quadro. Da mesma forma, compaixão, amor, percepção e intencionalidade em geral eram apenas elementos do Lado Direito do cérebro biofísico. Na mudança espantosa que definiu o desastre da modernidade, os estados interiores foram destituídos dos seus verdadeiros conteúdos, pois os únicos referentes "reais" (ou entidades existentes) eram aqueles de localização simples, com credenciais do Lado Direito, com um passaporte empírico, ELES monológicos insignificantes. Os *referentes* de proposições mentais e espirituais não eram realidades interiores verdadeiras (percebidas pelo olho da mente ou da contemplação), mas meras permutações em ELES sensoriais percebidos pelo olho da carne. (Aqueles correlatos empíricos são reais e muito importantes; o pesadelo moderno foi o crescimento da convicção de que aqueles simples correlatos sensoriais eram, por si mesmos, a soma total da realidade.)

Dessa forma, os domínios interiores do Lado Esquerdo, inclusive a mente, a alma e o espírito, assemelhavam-se cada vez mais a remanescentes da ignorância humana pré-moderna e pré-científica. E um exame diligente, meticuloso e persistente das realidades empíricas e positivistas desse mundo, o mundo dos objetos e ELES, abarcaria todo conhecimento necessário e toda salvação que a realidade poderia proporcionar.

O momento da verdade da abordagem científica — uma verdade inexistente nas visões de mundo pré-modernas e entre os teóricos da Grande Cadeia — era de que todos os eventos do Lado Esquerdo possuíssem realmente um correlato do Lado Direito. Ocorrências transcendentais da consciência têm mesmo correlatos empíricos específicos no cérebro, fato que não foi registrado em nenhuma das grandes literaturas religiosas do mundo. A própria mente, longe de ser apenas uma alma de outro mundo presa num corpo material, está intimamente entrelaçada com o cérebro biomaterial (não redutível a ele, mas também não drasticamente separada do mesmo).

A ciência acabaria por descobrir isso, mais cedo ou mais tarde, e essa descoberta chocante — ou seja, de que a consciência do Lado Esquerdo tem um correlato no Lado Direito — abalou as próprias fundações da abordagem "metafísica" à realidade que havia dominado toda a visão de mundo pré-moderna, sem exceção. Aquilo que há milênios era considerado radicalmente transcendente e sobrenatural, revelava-se bem mais imanente, empírico, orgânico e pertencente a este mundo. Essa audácia monológica, portanto, fazia mais sentido, inicialmente, porque mostrava algumas verdades profundas sobre aquilo que antes era visto, erroneamente, como meros eventos "sobrenaturais", "desencarnados" e "metafísicos".

Mas, à medida que a confiante modernidade começou mesmo a eliminar todas as dimensões do Lado Esquerdo, inclusive a Grande Holarquia, ela deixou de notar que esse empenho científico estava também erradicando todo sentido e significado do próprio Cosmo. Pois não existem valores, intenções, profundidade e significado em nenhum dos domínios do Lado Direito. O Lado Esquerdo é a morada da *qualidade*, o Lado Direito, da *quantidade*. O Esquerdo é a casa da *intenção* e, portanto, do *significado*; o Direito, da *extensão* sem plano ou propósito. O Esquerdo possui níveis de *significação*; o Direito, níveis de *magnitude*. O Esquerdo tem *melhor* e *pior*; o Direito, apenas *maior* e *menor*.

Por exemplo, compaixão é *melhor* do que assassinato, mas um planeta não é melhor do que uma galáxia. Saúde é melhor do que doença, mas uma montanha não é melhor do que um rio. Respeito mútuo é melhor do que desprezo, mas um átomo não é melhor do que um fóton. Assim, quando derrubamos o Esquerdo dentro do Direito, como quando colocamos a compaixão dentro da serotonina, a alegria na dopamina, valores culturais nos modos tecno-econômicos de produção, sabedoria moral em problemas de resolução técnica ou contemplação nas ondas cerebrais, da mesma forma preterimos qualidade em favor da quantidade, trocamos o valor pelo verniz, o interior pelo exterior, a profundidade pela superficialidade, a dignidade pelo desastre.

O resultado é o que Weber tão bem chamou de *desencanto do mundo* e Mumford de *universo desqualificado*: um mundo sem qualidade ou significado, governado não pelo espírito, pela consciência, pelo objetivo ou pela significação, mas apenas e sempre pelo acaso cego ou pela necessidade dos sistemas, como um cego dirigindo cegos.

A Revolta Pós-Moderna Contra a Planura

Em seguida à *moderna* queda na direção do positivismo, do empirismo, do behaviorismo e da teoria de sistemas — todos eles empreendimentos monológicos do ELE — surgiu uma série de *rebeliões pós-modernas*, alimentadas, no todo ou em parte, pelo ressurgimento dos domínios interiores que exigem que fossem ouvidos, reconhecidos, compreendidos e respeitados.

O termo *pós-moderno* é utilizado no sentido geral, significando todos os movimentos que correm na esteira da modernidade. Embora o assunto seja complexo, podemos dizer, grosso modo, que todas essas rebeliões pós-modernas se enquadram em um destes quatro grandes campos: Romântico, Idealista, Pós-moderno e Integral.

Neste, e nos três próximos capítulos, analisaremos rapidamente essas reações à planura, as quais também são tentativas para *integrar as Três Grandes*, que estão desastrosamente *dissociadas*, e assim "encantar o mundo novamente", fazendo com que a ciência, a espiritualidade, a arte e a moral entrem em algum tipo de acordo entre si.

Essas diversas formas de se encarar o assunto não são apenas curiosidades históricas. Todas elas ainda estão entre nós, formando a espinha dorsal de todas as tentativas para integrar a ciência e a religião, desde o pluralismo epistemológico à ecofilosofia e ao paradigma pós-moderno. Os seus diversos sucessos, e os seus muitos fracassos, são marcos cruciais na nossa busca pela integração.

Immanuel Kant e as Três Grandes

Kant foi talvez o primeiro grande filósofo a combater o nivelamento e decadência do moderno colapso monológico. Todavia, o resultado final da sua obra — por certo nas mãos de teóricos menos brilhantes — foi o de consolidar a hegemonia positivista, o que, segundo a maioria dos estudiosos, era a última coisa que ele queria.

Kant começou por demonstrar convincentemente que o raciocínio teórico (razão pura, racionalidade monológica, conhecimento objetivo do ELE) estava confinado às categorias que organizam a experiência dos sentidos. A racionalidade monológica do ELE, em outras palavras, estava limitada às categorias do domínio sensório-motor (as dimensões do Lado Direito, de modo geral), e portanto a razão pura era incapaz de apreender, e menos ainda oferecer, realidades metafísicas ou transcendentais, tais como Deus, liberdade e a atemporalidade da alma.

Mas aqui estavam os filósofos e teólogos falando sobre provas da existência do Espírito, da liberdade da vontade ou da imortalidade da alma, embora nenhuma dessas proposições tivesse realmente qualquer validade cognitiva. Todas elas eram tentativas da razão para sair do reino que lhe competia. O resultado não foi um conhecimento verdadeiro, mas disparates sem quaisquer fundamentos. Podemos dizer que a razão científica (racionalidade do ELE) não pode apreender Deus porque Deus não é um objeto empírico.

A *Crítica da razão pura* (escrito em 1781) expunha impiedosamente as impropriedades da razão monológica em compreender verdades metafísicas, o que basicamente marcou o fim histórico e dramático desse tipo de metafísica. *A morte da metafísica tradicional*: foi a conclusão virtualmente irrefutável da primeira crítica de Kant.

Mas para Kant isso foi apenas o começo. Ele demonstrou que a razão monológica não pode provar a existência do Espírito, da liberdade ou da imortalidade. *Mas ele também demonstrou que a razão tampouco poderia negar sua existência*. Assim, a ciência não poderia fazer duas coisas: 1) não poderia afirmar que o Espírito existe; 2) mas ela certamente não poderia afirmar que o Espírito não existe! Kant declarou que sua intenção era demolir o conhecimento (conhecimento do ELE) para abrir espaço para a fé. Só quando a razão objetivista, positivista e monológica deixasse de tentar agarrar o Espírito, outros tipos de conhecimento poderiam entrar em campo para assumir a luta.

Assim, em sua segunda obra, *Crítica da razão prática* (1788), Kant tentou mostrar que, quando a *razão monológica* não consegue provar (ou não provar) a existência do Espírito, a *razão dialógica* poderia ser bem-sucedida, pelo menos de determinadas maneiras sugestivas. Pois, se a razão científica (racionalidade do ELE) não pode apreender Deus, a razão dialógica (razão moral, ética e prática) tende a nos mostrar um tipo de conhecimento transcendental e espiritual. Segundo ele, a razão moral (não o conhecimento do ELE, mas o conhecimento do NÓS) só pode operar sob a premissa de que o Espírito existe, que a liberdade faz sentido e que existe um tipo de imortalidade da alma. Seu argumento é, basicamente, o de que a possibilidade interior do raciocínio moral não faria sentido, em primeiro lugar, sem os postulados de um Espírito transcendental: o estômago não teria fome se a comida não existisse. E, enquanto o conhecimento monológico do ELE não pode nos dizer nada sobre esse domínio espiritual, o conhecimento dialógico do NÓS opera todo o tempo com seus postulados!

Já podemos notar que Kant começava a diferenciar claramente as esferas de valores das Três Grandes (arte, moral e ciência; EU, NÓS e ELE), e tirou o conhecimento espiritual do domínio da ciência (ELE) e o colocou no domínio do NÓS do raciocínio moral e dos anseios. Ele desejava limitar a ciência do ELE (e a "metafísica do ELE"), mas apenas para abrir espaço para a "metafísica do NÓS" e para a razão dialógica e fé espiritual. A moral, e não a ciência, aponta claramente para Deus.

O que deixou de ser feito foi encontrar uma maneira para integrar essa sabedoria moral do NÓS com o conhecimento científico do ELE. Em sua terceira obra (*Crítica da faculdade de julgar*, de 1790), Kant tentou essa integração, em parte através da dimensão expressivo-estética (ou arte, no sentido mais geral). Em outras palavras, ele queria introduzir o domínio estético do EU para integrar a moral do NÓS com a ciência do ELE. *Ele queria integrar as Três Grandes.*

O Divisor de Águas do Ocidente

Chegamos aqui a um ponto decisivo para o mundo ocidental, a própria divisa entre o moderno e o pós-moderno. Esses tipos de categorizações são sempre traiçoeiros, mas pode-se dizer, com justiça, que Kant foi o último dos grandes filósofos modernos ou o primeiro dos grandes filósofos pós-modernos, provavelmente as duas coisas. Mas, de qualquer forma, sua obra foi o tronco do qual brotaram os quatro ramos: Romântico, Idealista, Pós-moderno e Integral.

Podemos facilmente constatar que, dependendo de qual das três críticas de Kant for enfatizada, teremos uma visão de mundo drasticamente diferente. Se nos concentrarmos na *Crítica da razão pura*, poderemos nos tornar, facilmente, um dedicado positivista ou *behaviorista*: só a ciência oferece conhecimento cognitivo, conhecimento "real", e tudo o mais é metafísica sem sentido. Portanto, fiquemos com o estudo dos fenômenos sensório-motores (como Newton!) e deixemos o resto na lata de lixo da metafísica sem sentido. E realmente, muitas das correntes positivistas e antimetafísicas do Ocidente descendem diretamente da primeira crítica de Kant.

Mas, se nos concentrarmos na segunda, a *Crítica da razão prática*, teremos uma história diferente para contar. A ciência proporciona o genuíno conhecimento do ELE, mas quem se importa com isso? A ação verdadeira reside no anseio moral e no raciocínio ético que, mesmo que não o revelem, pelo menos indicam realidades espirituais. Os seres humanos, como *objetos empíricos*, não são livres: no mundo dos ELES existem apenas causalidade e determinação (quer estritas quer estatísticas). Mas, como *sujeitos éticos*, os homens são realmente autônomos, ou podem vir a sê-lo se se mostrarem à altura de suas capacidades e agirem através de um raciocínio universal, moral e centrado no mundo: desejar não aquilo que é certo para mim e para a minha tribo, ou para mim e para a minha religião mítica, ou para mim e para a minha nação, mas aquilo que é direito e justo para todos os povos, independentemente de raça ou credo. Pois quando eu ajo dessa maneira centrada no mundo — não egocêntrica ou etnocêntrica, mas "mundocêntrica" — eu sou livre, no sentido mais profundo do termo, pois não estou obedecendo a uma força exterior, mas à força interior do meu próprio raciocínio ético: Eu sou autônomo, eu sou profundamente livre.

E essa era a mensagem animadora da segunda crítica de Kant. Não importa que o mundo do ELE seja um sistema determinista, pois, na postura moral de um abraço ético centrado no mundo, eu sou uma alma livre, porque esses ditames brotam do mais profundo do meu ser. Numerosas teorias religiosas, espirituais e principalmente éticas remontam suas origens a essa extraordinária segunda crítica. De fato, hoje, muitas das grandes teorias morais, desde Rawls até Habermas, podem ser descritas como "neokantianas".

Se observamos a terceira crítica, surgirá outra história espantosa. É certo que a ciência proporciona genuínos conhecimentos dos ELES. E também é certo que a moral do NÓS nos abre para uma sabedoria espiritual. Mas como poderemos integrar esses âmbitos separados? E essa integração não seria realmente o objetivo mais elevado e almejado? E se a ARTE for a grande ponte entre a ciência e a moral, a salvação do mundo não estaria nas mãos dos artistas?

Bem, muitos artistas pensaram assim. E, na esteira da terceira crítica de Kant (sem falar na Revolução Francesa), começaram a surgir os grandes movimentos estético-expressivos românticos da modernidade e da pós-modernidade. Esses movimentos localizaram a realidade final não no domínio científico do ELE ou no domínio moral do NÓS, mas no domínio do EU, o domínio subjetivo da arte e da visão artística, e na intensa auto-expressão. Não apenas a Verdade, nem o Bem, mas, acima de tudo, a Beleza, finalmente revelaria o Divino. E esses grandes movimentos estético-expressivos tiveram início de fato com os românticos do final do século XVIII.

A extraordinária tentativa para encantar novamente o mundo havia começado.

7
Romantismo: a Volta às Origens

O OBJETIVO FINAL DE KANT de integrar as Três Grandes: arte, moral e ciência, não foi atingido. Apesar dos heróicos esforços da sua terceira crítica para atingir essa integração por meio da arte e do *telos* orgânico, a maioria dos teóricos concorda que ele fracassou. É certo que alguns de seus seguidores imediatos acreditavam que ele havia falhado, pois eles retomaram a tarefa com vigor redobrado. A maneira mais simples de verificar esse fracasso é que a arte, em si, não conseguiu alcançar a integração, por ser apenas uma das três esferas a serem integradas e portanto não poderia ela mesma realizar a tarefa.

Mas esse era um fato que os românticos não reconheceram, ou preferiram ignorar, e iniciaram um grande esforço para fazer do domínio do EU, do reino subjetivo — especialmente a estética, o sentimentalismo, as emoções, a auto-expressão heróica e os sentimentos — o caminho real para o Espírito e o Absoluto.

A Falácia do Pré/Trans

Kant havia detectado a extraordinária dignidade da modernidade ao diferenciar claramente as Três Grandes esferas de valores da arte, moral e ciência. Mas ele também percebeu que elas estavam começando a se separar — não apenas diferenciando-se, mas dissociando-se — e que a ciência monológica do ELE se aproveitava dessa fragmentação para iniciar suas aventuras imperialistas. Kant *já* tentava combater a ciência "para abrir espaço para a fé". E, na sua terceira crítica, ele *já* tentava juntar as Três Grandes. Mas, por mais que procurasse, ele não conseguia a desejada integração. As Três Grandes estavam se dissociando; Kant sabia disso, mas foi incapaz de evitar a fragmentação.

Os românticos adotaram seu próprio ponto de vista sobre essa fragmentação e dissociação, mas essa proposta tinha muitas falhas, apesar de todas as boas intenções. Como vimos anteriormente, se confundirmos diferenciação com dissociação, o que acontece com facilidade, tentaremos curar a dissociação eliminando a própria diferenciação. Procuraremos recuar no tempo, não antes da dissociação, o que seria correto, mas antes da diferenciação, o que significa uma regressão indiscriminada. Tentaremos voltar a um tipo de estado anterior, *indiferenciado* ou de *fusão*, um estado "primevo", "prístino" e "puro", anterior à loucura da modernidade. Desejaremos retornar à natureza, ao nobre selvagem, à pureza e inocência de um passado primitivo. Seremos retrorromânticos, ansiando pela "integridade" e "união" anteriores, ignorando todas as coisas desagradáveis com que nos deparamos na modernidade.

Ainda hoje, um respeitável livro de referência como a *The New Columbia Encyclopedia* resume o movimento romântico desta forma: "Eram vários os objetivos básicos do Romantismo: o retorno à natureza e a crença na bondade do homem, notavelmente expressa por Jean-Jacques Rousseau, com o subseqüente culto ao 'nobre selvagem', atenção para com o 'camponês simples', e a admiração do 'herói' violentamente egocêntrico; a redescoberta do artista (e do eu estético-expressivo) como criador individual supremo; a exaltação dos sentimentos e emoções sobre a razão e o intelecto. Ademais, o Romantismo era uma revolta filosófica contra o racionalismo."

Ora, se nos revoltamos *contra* a racionalidade, fica muito difícil *integrar-se* sinceramente com a racionalidade. E, portanto, uma verdadeira integração das Três Grandes esferas de valores nos fugirá. Em suma, os românticos foram vítimas daquilo a que eu chamo de *falácia do pré/trans*, ou seja, a confusão do pré-racional com o transracional, simplesmente porque nenhum dos dois é racional.

É certo que a espiritualidade, em certo sentido, está além da mera racionalidade. Mas existe o *trans*racional e existe o *pré*-racional. A pré-racionalidade abarca todos os modos que levam à racionalidade (tais como a sensação, o sentimento da alma vital, a emoção corporal e o sentimento orgânico), os quais, por sua própria natureza, excluem a racionalidade, apesar dos protestos que possam fazer em favor da mesma. A transracionalidade, por sua vez, situa-se na outra margem da razão. Uma vez que a razão tenha brotado e se consolidado, a consciência pode continuar a crescer, desenvolver-se e evoluir, entrando em modalidades de percepção transracionais, transpessoais e supra-individuais. A transracionalidade, ao contrário da pré-racionalidade, incorpora alegremente a perspectiva racional e depois acrescenta suas próprias características definidoras. Assim, ela *jamais* será antiracional, mas, de uma forma amigável, transracional.

Supondo, por ora, que as dimensões mais elevadas existam, podemos ver que o arco global da evolução e do desenvolvimento consciente se movimenta do pré-racional para o racional e para o transracional; do subconsciente para o autoconsciente e para o superconsciente; do pré-pessoal para o pessoal e para o transpessoal; do id para o ego e para Deus.

A falácia do pré/trans ocorre quando os estados pré e trans se confundem ou se igualam, e isso funciona em ambos os sentidos. Por exemplo, Freud tomava todas as experiências transracionais genuínas e as reduzia a infantilismos pré-racionais (ou narcisismo primário, indissociação oceânica, estádio oral pré-ambivalente, etc.); Jung, por outro lado, errou muitas vezes no sentido oposto, tomando produções pré-racionais muito infantis e elevando-as a uma glória transracional. Ambos os enganos — *reducionismo* e *elevacionismo* — apóiam-se numa confusão anterior entre pré e trans.

E os românticos estavam prestes a incorrer num erro elevacionista por vingança, elogiando os domínios pré-racionais com tal intensidade que muitas vezes acabavam em espalhafatosos pesadelos regressivos. No entanto, isso tudo começou de maneira tão nobre, compreensível e tão sinceramente...

Voltando a Tecer a Teia da Vida

A pré-racionalidade contém todas as modalidades de consciência que conduziam a uma racionalidade formal, tais como sensações, emoções, imagens e sentimentos intensos, como podemos observar na figura 5-1. Quando a própria racionalidade surge e se desenvolve, ela transcende idealmente os domínios pré-racionais, ultrapassando-os mas ao mesmo tempo incorporando-os. Isso porque, como vimos, "transcender e incluir" ou "diferenciar e integrar" é o fundamento dinâmico de *todos* os estádios do desenvolvimento e evolução normais.

Mas caso ocorra uma *patologia*, ou seja, se a razão não apenas se *diferenciar* mas, em vez disso, se *dissociar* dos reinos inferiores, o resultado é repressão e alienação, a sufocação da alma vital, dos sentimentos e das emoções. Em lugar de transcendência e inclusão, há negação e regressão.

Se essa dissociação patológica ocorrer, a razão, com todas as suas ricas capacidades para o diálogo, a ética, o reconhecimento mútuo e a solicitude, torna-se árida e abstrata, e nega a vida da pior maneira possível. Essa repressão não é algo *inerente* à razão e à racionalidade, mas uma aberração patológica da razão, que surge quando as necessárias diferenciações avançam muito na direção das dissociações mórbidas.

Mas não era exatamente isso o que estava ocorrendo na modernidade em geral? O racionalismo da modernidade diferenciou admiravelmente os Três Grandes: ego (EU), cultura (NÓS) e natureza (ELE); mas agora a modernidade, hipnotizada por um "cientismo" sugestivo, não estava *integrando* esses reinos, ela estava no processo de *dissociá-los*, com o eu, a cultura e a natureza se estraçalhando mutuamente, enquanto a ciência monológica do ELE colonizava a todos.

Um dos oprimidos era o reino da estética, do ego e da auto-expressão, inclusive todos os ricos sentimentos, emoções e a alma vital, os quais, como parte do Lado Esquerdo, ou domínios interiores, haviam sido postos à margem de todo o discurso sério; em outras palavras, oprimidos, renegados, denegridos e desvalorizados. Em suma: a razão reprimia o sentimento.

(Não foi por acaso que, precisamente nesse ponto, os êmulos de Schopenhauer, Nietzsche e Freud se levantaram para apontar essa repressão mental epidêmica da vida instintiva. Não que esse tipo de repressão não tivesse ocorrido nas culturas pré-modernas, pois quase todo nível superior pode reprimir os níveis inferiores, a qualquer tempo. Mas jamais uma racionalidade tão poderosa subjugou com tanta violência a vida interior, o que se constituiu na essência da modernidade dissociada, esta própria digna de ser paciente do dr. Freud.)

Compreensivelmente, os românticos se horrorizaram com essa repressão e dissociação. E muitos deles, como Rousseau, Herder, os Schlegels, Schiller, Novalis, Coleridge, Keats, Wordsworth e Whitman, incumbiram-se de curar essa violenta fragmentação, não com racionalidade abstrata, mas por meio de sentimentos intensos, aquilo que Wordsworth denominou de "o extravasamento espontâneo de sentimentos poderosos". Herder foi explícito: "Vejam o todo da natureza, observem a grande analogia da criação. Tudo sente-se a si mesmo e aos seus semelhantes, a vida reverbera com vida... O impulso é a força motriz da nossa existência, e precisa continuar a sê-lo, mesmo em meio ao mais nobre conhecimento. A vida é a mais nobre forma de conhecimento, como também o mais nobre sentimento." Quanto àqueles que acreditavam que a racionalidade abstrata do ELE fosse a única forma verdadeira de conhecimento, segundo Herder, eles deveriam ser "ou mentirosos ou debilitados".

Ademais, um estudioso do período resumiu a principal aspiração romântica como um *sentimento de vida unificado*: "Esse sentimento não pode se deter nos limites do meu eu; ele deve se abrir para a grande corrente da vida que flui através dele. É essa corrente maior, e não apenas a corrente do meu próprio corpo, que deve ser unida a aspirações mais elevadas... se é que existirá unidade no eu. Assim, o nosso auto-sentimento deve ser uma continuação do nosso sentimento por essa corrente maior da vida que flui através de nós e da qual fazemos parte; essa corrente deve nos alimentar, não apenas física mas também espiritualmente." Essa não é uma panacéia da Nova Era dos nossos dias; é o credo do movimento romântico em geral, que se iniciou há quase duzentos anos. O próprio movimento da Nova Era é apenas um de seus muitos descendentes.

Podemos ver que os românticos já estavam tentando integrar os Três Grandes — eu, cultura e natureza — para unificar aquilo que o desastre da modernidade havia separado. Pois, acima de tudo, os românticos ansiavam por *unidade e integridade*. Como apontou Charles Taylor: "Havia uma demanda apaixonada por unidade e integridade. Os românticos reprovavam amargamente os pensadores do Iluminismo por terem dissecado o homem e, portanto, distorcido a verdadeira imagem da vida humana, ao objetivar a sua natureza, reduzindo-a a objetos do Lado Direito. Todas essas dicotomias e dissociações distorceram a verdadeira natureza do homem, que deveria antes ser visto como um único fluxo de vida ou como o modelo de uma obra de arte (dimensão estético-expressiva), na qual nenhuma parte poderia ser definida com a abstração das demais. Portanto, essas distinções eram vistas como abstrações da realidade. Mas elas eram mais do que isso, elas eram mutilações do homem... Era uma negação da vida do sujeito, de sua comunhão com a natureza e da auto-expressão de seu próprio ser natural."

Volta à natureza, volta a algum tipo de união ou comunhão anterior à moderna fragmentação e colapso. Conforme definiu um historiador: "O que eles próprios (os românticos) anelavam era a unidade com o eu e a comunhão com a natureza, ou seja: que o homem estivesse *unido em comunhão com a natureza*." Isso deveria ser alcançado com uma "inserção simpática na grande corrente da vida, da qual fazemos parte": uma unidade com a grande Teia da Vida.

Essa extraordinária tentativa de integrar os Três Grandes — eu, cultura e natureza — e assim atingir uma certa integridade e unidade num mundo moderno que estava se envenenando com os seus próprios conceitos, era uma aspiração tão nobre quanto qualquer outra que pudesse ser concebida. É por isso que acredito que até hoje temos um débito de gratidão para com os românticos. Eles foram os primeiros a diagnosticar a moléstia, há mais de duzentos anos. Foram os primeiros a reagir com horror e os primeiros que procuraram reatar os fragmentos, curar as feridas, estar à vontade no universo, ser uma parte humilde na maravilhosa trama da vida e não o seu dono arrogante.

A Descida

Infelizmente, em seu zelo compreensível para ultrapassar a racionalidade e chegar a uma verdadeira integridade espiritual, os românticos muitas vezes acabavam por recomendar tudo que *não fosse racional*, inclusive muitas coisas francamente *pré-racionais*, regressivas, egocêntricas e narcisistas. Muitas vezes eles confundiram impulsos pré-racionais com percepções transracionais; natureza pré-convencional com espírito pós-convencional; expressão pré-verbal com consciência transverbal, licença pré-convencional e egocêntrica com liberdade pós-convencional e centrada no mundo; e fusão pré-diferenciada com integração transdiferenciada.

Em outras palavras, precisamente porque eles confundiram diferenciação com dissociação, confundiram pré-racional com transracional, daí partiram para a glorificação de todos os impulsos pré-racionais, pré-convencionais, pré-conceituais e "naturais" que encontrassem. Mas, abruptamente, os românticos "desdiferenciavam" e não "transdiferenciavam". Inadvertidamente, endeusavam a fusão e não a verdadeira integração. Deixavam a auto-expressão descambar para a auto-obsessão e para o "egoísmo divino". E, nesse deslizamento narcisista e regressivo para tudo o que fosse pré-convencional, eles punham em perigo não apenas os desastres da modernidade mas também as dignidades.

Não é de se admirar que muitos críticos culturais, como Robert Bellah, Colin Campbell e Jürgen Habermas, encarem a nossa atual obsessão com o ego, sentimentos, gratificação compulsiva, "aqui e agora", "perca a razão e volte aos sentidos", o consumo pela classe média branca das religiões tribais indígenas por serem "puras, inocentes e íntegras", a crença de que "criamos a nossa própria realidade", intensa gratificação sensorial, consumismo, autoglorificação e a conseqüente alienação social, como descendentes diretos do Romantismo.

É claro que os românticos mais sofisticados jamais recomendaram a regressão pura e simples. Em vez disso, a idéia era que poderíamos, de alguma forma, reaver a "integridade perdida", mas num "nível mais elevado" ou numa "forma mais madura", e assim reunir o melhor da pré-modernidade e da modernidade. Esse é certamente um objetivo nobre e que seria aceito pelas outras abordagens, inclusive a Integral.

Mas, na prática, os românticos não conseguiram efetuar essa integração entre pré-moderno e moderno, ou seja, a integração das Três Grandes. Eles haviam depreciado de tal forma as esferas racionais, convencionais e burguesas, que a prometida "integração" entre elas ficou só na promessa, como as próprias esferas desprezadas não deixaram de apontar. Permaneceu o fato de que, ao confundir diferenciação com dissociação — e, portanto, pré-racional e transracional — os românticos em geral terminavam por convocar uma "desdiferenciação", um processo que, quando ocorre num sistema vivo, é chamado de "câncer": uma "desdiferenciação" regressiva de células que foge ao controle, terminando com a morte do sistema.

De fato, nesse crescente anseio por regressão, nós mesmos podemos nos tornar um tanto "desdiferenciados" e achar que o nosso ego seja o criador e a fonte de toda a realidade, como o faz o pensamento pré-operacional. O egoísmo divino levantará sua cabeça narcisista e seremos sugados, apesar de todas as boas intenções, pelo drama infindável de nossas inclinações subjetivas. O mundo se tornará cada vez mais escuro e cheio de intenções malévolas; apenas nós seremos puros e limpos, num mundo que não se importa conosco. Seremos cada vez mais tristes, angustiados com as dores do mundo, bons demais para esse desgraçado universo. Se formos verdadeiramente românticos, acabaremos nos matando de forma bela e terrível. Muitas das grandes narrativas românticas acabam em suicídio, como muitos dos próprios românticos também.

No entretempo, buscava-se o paraíso perdido da maravilhosa integridade e pureza prístina que a modernidade tão maldosamente destruíra. A procura se dava não apenas no período anterior às dissociações da modernidade, mas anteriormente às próprias diferenciações (pois as duas se confundiam). O carvalho era uma violação da semente; e esta, e não o carvalho, possuía "mais unidade" — uma bela confusão, mas nela se baseavam os retrorromânticos, antigos e atuais.

Assim, o grande tema desse período era a *recuperação das Origens*: um desejo ardente de achar, entrar novamente em contato, ressuscitar e abraçar um Amado perdido e reencontrado, a volta do Deus maravilhoso ou da Deusa maravilhosa, que estiveram presentes em uma era passada mas que foram feridos, banidos, queimados ou enterrados pela modernidade cruel e negligente. A tentativa de reencontrar a semente da humanidade havia começado.

A Máquina do Tempo

E assim começou a procura por um período da história ou pré-história no qual as terríveis diferenciações da modernidade ainda não houvessem ocorrido. Os românticos embarcaram alegremente na Máquina do Tempo e o destino preferido era a Grécia Antiga.

É claro que existem muitos aspectos da Grécia clássica que merecem admiração, um dos quais foi a aceitação da razão e sua consequente diferenciação preliminar do Bom, do Verdadeiro e do Belo, uma diferenciação que só a razão revela e que não existe em todas as modalidades pré-racionais. Mas porque essa diferenciação fosse preliminar, nenhuma das grandes dissociações da modernidade ainda havia surgido. Por esse motivo, havia uma maravilhosa *harmonia* entre as esferas de valores no pensamento grego. É por causa dessa harmonia que muitas pessoas, até hoje, sentem-se atraídas pela Grécia clássica, e foi precisamente isso que agradou aos primeiros românticos.

Mas se os gregos tivessem realmente diferenciado as Três Grandes, teriam evidenciado seus frutos: eles teriam banido a escravatura (uma em cada três pessoas naquela "democracia" era escrava) e teriam criado os movimentos pelos direitos das mulheres, entre outras dignidades. Elogiar uma sociedade na qual tantas pessoas eram escravizadas, e as mulheres e crianças também tratadas como tal, evidencia, na melhor das hipóteses, uma distorção na escala de valores.

Os românticos modernos perceberam isso e, unanimemente, abandonaram a Grécia antiga, muitas vezes com horror, para recuar ainda mais, até a pré-história, em busca do paraíso primitivo. É claro que disso resultou que a Grécia se tornava o início do desastre moderno, suportando sobre si mesma um desprezo que os primeiros românticos teriam achado incompreensível.

Para os ecofeministas, o período mais idealizado foi aquele que precedeu a Grécia agrária, ou seja, as sociedades horticulturais que floresceram mais ou menos de dez mil a quatro mil anos antes de Cristo, antes do surgimento dos primeiros impérios e do "patriarcado" agrário em geral.

Nas sociedades *horticulturais* o principal meio de produção era um simples graveto para cavar ou uma enxada manual, ao passo que nas sociedades *agrárias*, como a Grécia, era o pesado arado puxado por animais. As mulheres grávidas podem facilmente manejar uma enxada, enquanto que, se participarem do trabalho mais pesado com o arado, estariam mais sujeitas a abortarem. Assim, nas sociedades horticulturais, as mulheres eram uma parte significativa da força produtiva. De fato, nessas sociedades, até oitenta por cento dos alimentos eram produzidos por mulheres, e as relações sociais e divindades míticas daquelas culturas refletiam isso. Cerca de um terço daquelas sociedades tinha divindades apenas femininas, um terço era de divindades masculino-femininas e o terço restante era de deuses apenas masculinos.

É fácil perceber a atração que essas sociedades horticulturais exercem sobre os ecofeministas, o que explica o fato de eles ignorarem sistematicamente que 44 por cento daquelas sociedades estavam envolvidos em guerras freqüentes e mais de 50 por cento em guerras intermitentes (e são consideradas sociedades pacíficas da Grande Mãe...); 61 por cento delas tinham direitos de propriedade privada (e isso quanto à propriedade comunal...); 14 por cento praticavam a escravidão (e ainda se alega que a escravatura foi introduzida pelo patriarcado...) e que 45 por cento estipulavam dotes para as noivas (e a igualdade de direitos?...). Essas sociedades horticulturais poderiam ser qualquer coisa, menos "puras e primitivas", e, se é que estavam em contato com a natureza, era uma natureza cujos valores nenhum ecofeminista defenderia nos dias de hoje.

Deixemos que os "ecomasculinistas" (ecologistas profundos) investiguem ainda mais a fundo na pré-história, até ao estádio anterior, o da *coleta*, pois não é possível recuar ainda mais (antes da coleta, só existiam os macacos). Esse *deve* ter sido um estádio puro, primitivo e "não-dissociado", pois a máquina do tempo não consegue ir mais além.

Os ecofeministas elegeram as culturas horticultoras matrifocais como o estado puro e primitivo, "unas com a natureza" em ciclos sazonais da Lua, plantação e colheita. Conseqüentemente, *condenaram* a ascensão das sociedades agrárias patriarcais (a Grécia clássica, por exemplo) como um declínio da humanidade em geral. Ainda assim, quando os ecomasculinistas retrocederam até ao estádio da coleta, eles *condenaram* as sociedades horticulturais — o paraíso dos ecofeministas — como a primeira grande violação da terra e a destruição do paraíso. Pois, conforme os ecomasculinistas, o próprio cultivo é uma tentativa de controlar e dominar a pureza e espontaneidade da natureza. Coletar, colher e ocasionalmente caçar o que a natureza oferecia: *isso* era puro e primitivo. As desgraças da humanidade começaram quando uma mulher pegou na enxada pela primeira vez.

Deixemos de lado os dados que mostram que 10 por cento daquelas sociedades coletoras praticavam a escravidão, 37 por cento determinavam dotes para as noivas e 58 por cento se envolviam, freqüente ou intermitentemente, em guerras. Esse *devia ser* um estado puro e primitivo, pois não era possível recuar ainda mais!

Portanto, podemos começar a descobrir o que há de comum entre tantas formas retrorromânticas de se encarar o problema, eco-holísticas, "de-volta-à-natureza" e de "retorno às Origens": aquilo que pode ser chamado de visão "escolha e pegue" da História. Escolha as coisas que você admira em alguma época pré-moderna e cuidadosamente ignore o resto, como se pedaços do tecido da cultura pudessem ser recortados e colados no mundo moderno para efetuar a desejada "integração". Compare o melhor de ontem com o pior de hoje e grite: "Degeneração!"

Mesmo Foucault, que não era um grande apreciador da modernidade, sentia-se horrorizado com esse paraíso de "escolha e pegue": "Acredito que haja uma tendência disseminada, que deveríamos combater, para designar aquilo que acabou de ocorrer (isto é, a modernidade), como o inimigo primário, como se essa fosse a principal forma de opressão da qual temos de nos libertar. Essa atitude simplista acarreta inúmeras conseqüências perigosas: primeiro, uma inclinação para procurar alguma forma barata de arcaísmo ou alguma forma imaginária de felicidade que as pessoas, de fato, nunca tiveram. Existe nesse ódio ao presente (modernidade) uma tendência perigosa para invocar um passado completamente mítico."

Como veremos, muitos pontos da orientação romântica são valiosos e deveriam ser trazidos à mesa da integração. Precisamos realmente entrar em contato e integrar-nos com a natureza, a qual, infelizmente, foi uma das vítimas da moderna dissociação.

Mas as sociedades pré-modernas não integram de fato o eu, a cultura e a natureza; elas simplesmente ainda não as diferenciaram totalmente, em primeiro lugar. Elas eram *pré*-diferenciadas e não *trans*diferenciadas e, portanto, *não servem de modelos convincentes para a integração das Três Grandes*. Essa diferenciação (e sua possível integração) é um *emergente*, ou seja, algo novo na corrente evolucionária.

Ela *nunca* existiu antes (consciente ou inconscientemente), e assim nenhuma "volta às Origens históricas" poderá ajudar esse emergente inusitado. A eterna volta às Origens é um malogro eterno.

Portanto, da mesma forma que a semente não integra as folhas, galhos e raízes, pois estes ainda não surgiram, a cultura pré-moderna não integrou as modernas esferas de valores, porque estas ainda não haviam se diferenciado totalmente. Como a semente, esses estados pré-modernos tinham menos diferenciação, menos integração, menos unidades, menos integridade; eles não tinham muitas das doenças da modernidade porque não tinham as diferenciações também. Se deixarmos de compreender essa distinção elementar, a fusão se confunde com a integração e a descida regressiva teria início.

Temos de olhar para o amanhã e não para o ontem. E o Idealismo começou, em parte, exatamente com essa percepção e esse ataque ao Romantismo. O Deus de amanhã, e não o Deus de ontem, é que chega para anunciar a nossa libertação.

8

Idealismo: o Deus que Virá

Uma das diferenças mais radicais e espantosas entre as culturas pré-modernas e modernas é a *direção* na qual elas acreditam que o universo esteja se desdobrando. Na maioria das religiões pré-modernas, conta-se a história do "tempo antes do tempo", o tempo da criação, no qual algum Grande Espírito criou o mundo a partir de si mesmo, de alguma *matéria primordial*, ou do nada. Logo depois dessa gênese, os homens, como parte dessa notável criação, viveram em paz e harmonia, consigo mesmos e com todas as outras criaturas. Vivendo junto à Origem, ao Espírito, a Deus ou Deusa, os seres humanos se banhavam naquele deleite primordial e irradiavam bondade em todas as direções.

Mas depois, segundo dizem, por meio de acontecimentos estranhos, ou Deus começava a deixar os homens ou estes se afastavam de Deus. Gradual ou repentinamente, mas sempre de forma terrível, os seres humanos perdiam o contato com o Éden primitivo.

Na versão hindu, o mundo então involuiu, durante quatro *yugas*, ou épocas cósmicas, tornando-se cada vez mais escuro, alienado, frustrado, fragmentado e doloroso. Essas épocas são comparadas com o ouro, a prata, o bronze e o ferro, levando do puro *dharma* (verdade espiritual), ao completo *adharma* (deserto espiritual). Hoje estamos vivendo no *yuga* do ferro corrompido, ou *Kali*, muito distantes da Origem.

Os estudiosos desse conto, quase universal, da cultura pré-moderna resumem o que ele nos transmite sobre a direção do universo: da Idade do Mito, através da Idade dos Heróis e da Idade dos Homens, à Idade do Caos, numa descida constante e melancólica. Mais uma vez, estamos vivendo hoje na Idade do Caos, no distanciamento máximo da Fonte e da Origem.

Em todas essas narrativas, a direção geral da expansão do universo é inconfundível: como se estivesse seguindo alguma "segunda lei da termodinâmica" religiosa, o universo espiritual está se precipitando para baixo. No decorrer da história universal, nós, homens (e todas as criaturas), já estivemos junto ao Espírito, unos com Ele, imersos Nele, aqui mesmo na Terra. Mas, depois de uma série de separações, dualismos, pecados ou contrações, o Espírito se encontrava cada vez mais distante, menos óbvio, menos presente. *Deus abscondus*: a História é o relato de um abandono espiritual, em que cada era se tornava mais escura, mais sinistra e menos espiritual. Para as culturas pré-modernas, a História é uma involução.

Mas, em algum momento da era moderna, o qual não conseguimos precisar, a idéia da História como uma involução (ou afastamento de Deus), foi sendo vagarosamente substituída pela idéia de História como uma evolução (ou crescimento na direção de Deus). Vemos isso explicitamente em Friedrich Schelling (1775-1854). Georg Hegel (1770-1831) formulou essa doutrina de forma genial. Herbert Spencer (1820-1903) tornou a evolução uma lei universal. Seu amigo Charles Darwin (1809-1882) aplicou-a à biologia. Depois, ela reaparece com Sri Aurobindo (1872-1950), que apresentou o contexto espiritual de uma maneira que talvez seja a mais acurada e profunda. Pierre Teilhard de Chardin (1881-1955) tornou-a famosa no Ocidente.

Subitamente, no decorrer de apenas um século, mais ou menos, pensadores sérios imaginaram algo que as culturas pré-modernas nem sonhavam, ou seja, que os seres humanos, como todos os outros sistemas vivos, estão num processo de *crescimento na direção do nosso potencial mais elevado*. E se esse potencial mais alto é Deus, então os homens estão crescendo no sentido da sua Natureza Divina.

E, ainda segundo essa visão extraordinária, a *evolução* em geral nada mais é do que o crescimento e o desenvolvimento para consumar esse potencial, o *summum bonum*, o *ens perfectissimus*, a Causa e o Objetivo da nossa própria natureza mais profunda. A evolução é simplesmente o Espírito-em-ação, o Deus-em-formação, e essa formação está destinada a levar todos nós diretamente para o Divino.

A Ascensão do Idealismo

A idéia de que a história humana e cósmica é, no fundo, a evolução e desenvolvimento do Espírito, ocorreu imediatamente depois de Kant e foi uma das grandes proclamações dos Idealistas. Isso ocorreu durante aquele período extraordinário quando as Três Grandes (arte, moral e ciência) já estavam claramente diferenciadas (por volta do século XVIII), mas antes da dissociação maciça e colapso final (fim do século XIX). Esse foi um período fértil para que as esferas de valores se enriquecessem mutuamente. Embora elas não estivessem totalmente integradas (uma tarefa ainda não concluída no Ocidente), ainda dialogavam entre si. Talvez tenha sido a última vez na história ocidental que tenha ocorrido uma troca de experiências frutífera. Naquele solo incrivelmente fértil, nasceu o Idealismo.

Tudo começou com Immanuel Kant, que afirmou que jamais poderemos conhecer "a coisa em si", apenas a aparência do fenômeno, que resulta quando a coisa em si é encenada pelas categorias da mente humana. O Idealismo alemão começou, em certo sentido, com aquela noção, ou seja, de que o mundo não é apenas *percebido*, mas *construído*. O que conduz a percepção do mundo é o idealismo mental e não o empirismo ingênuo.

Johann Fichte, contemporâneo de Kant, ressaltou que, se não soubermos nada sobre a coisa em si, não poderemos saber, tampouco, se ela existe. Essa é uma noção inútil. Ao mesmo tempo, Kant mostrou que os fenômenos são construídos pela mente. Se nos livrarmos da noção impossível da coisa em si, o resultado é que todo o universo percebido é produto da mente. Mas é claro que não pode ser uma mente ou eu *individual*. A sra. Smith, de Boise, Idaho, obviamente não está produzindo todo o Cosmo. Deve haver uma mente além daquela de um indivíduo em particular, como você ou eu. Deve existir um Eu *supra-individual* e absoluto que esteja produzindo todo o universo.

Fichte propôs esse Eu absoluto como o primeiro princípio da filosofia, e desse Eu transpessoal ele tentaria deduzir todo o universo manifesto. Isso lembra muito o hinduísmo vedanta do Oriente. Para ambos, o mundo finito surge da imaginação criativa do Eu absoluto e, como reação ao mundo finito, surge o Eu finito. Para ambos, a liberdade consiste em redescobrir o Eu absoluto, do qual o Eu e o mundo finitos são apenas manifestações.

Fichte acreditava que, como todas as formas de conhecimento (inclusive a ciência do ELE e a moral do NÓS) derivam desse Eu absoluto, todas essas formas de conhecimento poderiam estar harmoniosamente integradas na percepção desse Eu. E essa integração curaria a fragmentação da modernidade, a qual já começava a educar sua cabeça patológica.

Em outras palavras, não é de surpreender que Fichte também quisesse integrar as Três Grandes. Essa harmonização é, na verdade, a maior tarefa a desafiar o mundo pós-moderno. Aquilo que a modernidade destruiu, a pós-modernidade deverá reconstruir. Todos os grandes teóricos que se seguiram a Kant podem ser classificados com relação à pergunta: "Agora que conseguimos diferenciar as Três Grandes, como faremos para integrá-las?" (O Romantismo tentou fazê-lo por meio da regressão e "desdiferenciação", o que resultou num beco sem saída. O Idealismo foi na direção oposta: desenvolvimento mais elevado.)

Uma vez que o Eu absoluto (que é o próprio Espírito) deu origem a todo o mundo manifesto, Fichte sustentou que parte da tarefa da filosofia era reconstruir aquilo que ele chamou de "história pragmática da consciência", ou seja: reconstruir o verdadeiro caminho que a consciência tomou em seu desenvolvimento criativo do universo. Fichte foi, portanto, um dos primeiros a introduzir a noção historicamente revolucionária e absolutamente crucial do *desenvolvimento* (ou evolução). O mundo não é estático ou pressuposto; ele se desenvolve, ele evolui, ele toma diferentes formas à medida que o Espírito descortina o universo.

E os idealistas afirmam que a compreensão dessa evolução, ou desenvolvimento, é a chave secreta para a compreensão do próprio Espírito.

A Evolução como Espírito-em-Ação

Friedrich Schelling tomou essa noção inicial de desenvolvimento e transformou-a numa profunda filosofia de desdobramento espiritual. Georg Hegel aprimorou os pormenores em uma série de tratados brilhantes e difíceis. Os pontos gerais podem ser resumidos desta forma:

O Espírito Absoluto é a realidade fundamental. Mas, para criar o mundo, o Absoluto manifesta a si mesmo, ou sai de si mesmo: em certo sentido, o Absoluto esquece de si mesmo e se esvazia na criação (embora jamais deixe de ser ele mesmo). Assim, o mundo é criado como uma "excrescência" do Espírito, como uma "auto-alienação" do Espírito, embora a Queda não seja outra coisa senão um jogo do próprio Espírito.

Tendo "caído" no mundo manifesto e material, o Espírito começa o processo de retornar a si mesmo, e esse processo do retorno do Espírito ao Espírito é simplesmente o próprio desenvolvimento ou evolução. A "descida" original (ou involução) é um esquecer-se, uma queda, uma *auto-alienação* do Espírito. E o movimento contrário, de "ascensão" (ou evolução), é, portanto, a autolembrança *e auto-atualização* do Espírito. Todavia, como enfatizam os idealistas, o Espírito está total e completamente presente em cada um dos estádios da evolução, como o próprio *processo* da evolução.

Quando o Espírito inicialmente sai de si mesmo para criar o universo manifesto, o resultado é a Natureza, que Schelling denomina de "Espírito adormecido" e Hegel chama de "Deus em sua alteridade". A Natureza é uma manifestação direta do Espírito e, portanto, é sagrada na sua essência. Mas ela é o Espírito *adormecido* simplesmente porque ainda não se encontra reflexivamente consciente de si mesma. Ela é a forma inferior do Espírito, mas ainda assim *é* uma forma do Espírito. Ela é o Espírito em sua manifestação *objetiva*, aquilo que Platão chamou de "um Deus visível" (ou Deusa visível).

No segundo grande estádio do desenvolvimento, o Espírito evolui da Natureza objetiva para a Mente subjetiva. Assim, o Espírito agora evoluiu do *subconsciente* para o *autoconsciente*, do pré-pessoal para o pessoal, do pré-racional para o racional, e portanto começa a refletir sobre sua própria existência. Enquanto a Natureza era o *Espírito objetivo*, a Mente é o *Espírito subjetivo*, e assim vemos formas cada vez mais conscientes da auto-atualização e retorno a si mesmo do próprio Espírito.

Mas é precisamente nesse ponto que o sujeito e o objeto, ou Mente e Natureza, não apenas se diferenciam, mas se dissociam; por isso esse estádio muitas vezes é marcado por um dualismo desenfreado, uma "patologia espiritual", de acordo com Schelling, ou "consciência infeliz", segundo Hegel. Essa infelicidade não esteve presente no estádio anterior da Natureza, mas apenas porque a Natureza estava adormecida. Mas com o despertar autoconsciente da Mente, essas dolorosas divisões se tornam óbvias.

Aqui, os idealistas, principalmente Fichte e Hegel, se afastaram dos românticos, que desejavam tratar da consciência dolorosamente infeliz por meio de uma "volta à Natureza". Mas esse retorno, apontaram os idealistas, baseia-se numa série de profundas confusões. Na verdade, alguns dos primeiros críticos do retrorromantismo mais viperinos e polêmicos, e ao mesmo tempo mais acurados, vieram das fileiras dos idealistas. Fichte e Hegel reclamavam contra a regressão dos românticos às sensações, sentimentos, anti-racionalismo e imersão orgânica, apontando, com razão, que seguiam pelo caminho errado.

Os idealistas compreenderam aquilo que denominei de "falácia do pré/trans", ou seja, que as modalidades pré-racionais podem parecer transracionais, simplesmente porque ambas não são racionais. E, como vimos, em sua compreensível corrida para se tornarem transracionais, os românticos muitas vezes terminavam por glorificar *qualquer coisa* que fosse irracional, inclusive estados francamente regressivos, narcisistas, indissociados e "desdiferenciados". Tudo isso eliminou não apenas os desastres da modernidade mas também as dignidades. Essa catástrofe regressiva acendeu em Fichte e Hegel e, ocasionalmente, em Schelling um fogo polêmico, e com justa causa. O fato de esses idealistas terem testemunhado aquele pesadelo regressivo no exato momento em que ele se desenrolava, torna essas polêmicas ainda mais irrefutáveis, e aplicáveis a similares descidas regressivas que ocorrem atualmente sob o disfarce de "nova era" e de "novo paradigma".

Fichte, Schelling e Hegel estavam concordes: não existe uma volta para entrar em contato com um Espírito perdido, pois na direção "regressiva" só existe o Espírito *adormecido, que já* se alienou. Essa é simplesmente uma forma de indicar que os primitivos estádios do desenvolvimento humano, quer filogenéticos ou ontogenéticos, não proporcionam modelos substanciais para a cura das dissociações da modernidade.

Não, não é por meio de uma volta à Natureza que os seres humanos poderão acabar com a sua alienação e a consciência infeliz. Em vez disso, é indo para a frente, para o terceiro grande estádio de desenvolvimento e evolução: o do Espírito não-dual. Assim, para Schelling e Hegel, o Espírito sai de si mesmo para produzir a Natureza objetiva, desperta para si mesmo na Mente subjetiva e depois recobra a si mesmo como puro Espírito não-dual, no qual sujeito e objeto são um ato puro de consciência não-dual que unifica a Natureza com a Mente no Espírito realizado.

Assim, o Espírito conhece a si mesmo objetivamente como Natureza; conhece-se subjetivamente como Mente e conhece-se absolutamente como Espírito: a Fonte, o Cume, a Base e o Processo de todo o caminho.

Notem, pois, a seqüência geral do desenvolvimento: da natureza à humanidade e à divindade; do subconsciente ao autoconsciente e ao superconsciente; do pré-pessoal ao pessoal e ao transpessoal; do id ao ego e a Deus. Mas o Espírito, não obstante, está presente em todos os estádios como o *próprio processo evolucionário*: o Espírito é o processo de sua própria auto-atualização e autodesdobramento; seu ser é o seu próprio tornar-se; sua Meta é o próprio Caminho.

E assim os seres humanos podem acabar com a sua consciência alienada e infeliz, não voltando primariamente à Natureza, mas indo em frente na direção do Espírito não-dual. Não é a Natureza pré-convencional mas o Espírito pós-convencional que tem a chave para vencer a alienação e a dissociação. E esse Espírito é alcançado, não por meio de uma regressão espiralada à sonolência pré-convencional, mas pela progressão evolutiva a uma radiante Não-dualidade.

(É claro que, quando a Mente aflora, ela pode de fato reprimir a Natureza, precisamente porque a Mente é um hólon de ordem mais elevada, que pode usurpar com arrogância o seu papel na holarquia normal ao oprimir os hólons que lhe são inferiores, inclusive a Natureza. Pelo fato de serem elementos do seu próprio ser, a crise ecológica é realmente suicida. Da mesma forma, interiormente o ego pode reprimir o id, a mesma dissociação de quando a Mente reprime a Natureza. Sob esse desvio patológico, a Mente deve entrar em contato e amparar a Natureza, da mesma forma que, interiormente, deve haver "regressão no serviço do ego". Esse "amparo" é bom e justo, e obrigatório para a cura. Mas esse é apenas o primeiro passo. Para que a Mente e a Natureza estejam genuinamente integradas e unidas, é necessário que haja um terceiro termo, acima da Natureza e da Mente e não redutível a nenhuma das duas. Esse termo é o Espírito. Assim, a grande integração não pode ser alcançada pela Natureza ou pela Mente sozinhas e nem mesmo por uma combinação de ambas. Apenas o Espírito, que está acima de todos os sentimentos da Natureza e de todos os pensamentos da Mente, pode efetuar essa unificação radical. Apenas o Espírito transcende e engloba a Mente e a Natureza. Na falácia do pré/trans, os românticos muitas vezes confundiam a Natureza pré-convencional com o Espírito pós-convencional, e pensavam que *uma simples união da Natureza pré-racional com a Mente racional seria o mesmo que o Espírito transracional*, e foi isso que os derrotou. Pois a Natureza pré-racional pode ser vista com o olho da carne e a Mente racional pode ser vista com o olho da razão, mas o Espírito transracional só pode ser visto com o olho da contemplação. A contemplação, decididamente, não é o mesmo que sentimentos somados a pensamentos: ela é a ausência de ambos numa intuição informe. Essa intuição, não tendo forma, pode facilmente integrar as formas da Natureza e da Mente, algo que ambas, sozinhas ou juntas, não conseguiam. Foi essa a percepção de Schelling sobre a falta de forma e a "indiferença", o grande Abismo ou Vazio, do qual surgem a Mente e a Natureza, Abismo esse que, sozinho, pode efetuar a cura final. É por isso que os idealistas criticavam os românticos por estarem confusos e perdidos no tocante a essa integração.)

A Glória da Visão

Esta foi realmente uma visão espantosa, raramente apreciada pela humanidade: a evolução como o desenrolar temporal do Espírito em seu próprio potencial atemporal. Com base em fatos pragmáticos e na verdadeira história da consciência, mas ao mesmo tempo combinada com uma realidade espiritual que tudo permeia, gloriosa em sua graça e grandiosa em seu esplendor, essa visão idealista fez com que o Céu descesse para acordar a Terra, e elevou a Terra para exaltar o Céu.

O Idealismo quase conseguiu integrar as Três Grandes. Havia muito espaço para a arte, moral e ciência, e estas eram consideradas como momentos importantes no processo geral do próprio Espírito. Ademais, a visão idealista estava atenta às correntes do desenvolvimento (ou evolução). Foi ela a primeira filosofia a aceitar plenamente as implicações do *desenvolvimento* abrangente, em especial quanto à religião e à espiritualidade. Além disso, o Idealismo integrou o Espírito e a evolução naquela que talvez seja a única forma convincente, ou seja, reconhecendo que a evolução é simplesmente o Espírito-em-ação, ou "Deus em formação".

Portanto, a evolução, longe de ser um movimento antiespiritual, como imaginavam tantos românticos, antimodernistas e praticamente todas as culturas pré-modernas, é, na verdade, o desenrolar concreto, a integração das holarquias e a auto-atualização do próprio Espírito. A evolução é o modo e a maneira da criação, pelo Espírito, de todo o mundo manifesto, e não um item daquilo que foi deixado incólume pelo seu abraço abrangente.

Daí por diante, toda espiritualidade que *não* adotasse a evolução estaria destinada a extinguir-se. A ciência moderna, depois do colapso, rejeitaria a natureza espiritual da evolução, mas mantendo a própria noção de desenvolvimento progressivo. Ou seja, a ciência moderna nos dava o exterior da evolução, vale dizer: sua superfície e formas; mas não o interior, incluindo o próprio Espírito. Mas até mesmo a ciência reconheceria que a evolução é universal e toca tudo o que existe. Como disse Daniel Dennett: "Como um 'ácido universal', a evolução corrói todas as outras interpretações do que sejam vida, mente e cultura." E como poderia ser diferente, quando ela é, na verdade, o Espírito-em-ação, e o Espírito abarca tudo?

A ciência moderna rejeitou o interior da evolução, embora aceitasse a superfície exterior. De qualquer forma, a ciência ajuntou tantas evidências para provar a existência da evolução que, até hoje, todas as religiões que tentaram rejeitá-la decretaram o seu próprio fim, no mundo moderno. Até mesmo o Papa João Paulo II finalmente concordou que: "A evolução é mais do que uma hipótese."

Um dos ingredientes mais importantes para qualquer integração da ciência com a religião é a união da evolução empírica com o Espírito transcendental. Os idealistas descobriram aquela que talvez seja a única maneira conceptível de lograr esse intento, ou seja, encarando a evolução como Espírito-em-ação, e assim explicando não apenas o *quê* e o *quando* da evolução (as formas empíricas e superfícies do Lado Direito aceitas pela ciência moderna), mas também o *como* e o *porquê* (as profundidades e intenções interiores do Lado Esquerdo do Espírito-em-ação).

Essa percepção extraordinária deve ser creditada ao Idealismo. Essa brilhante visão mostrou todo o universo, de átomos a células, organismos, sociedades, culturas, mentes e almas, como o desenrolar radiante de um Espírito luminoso, brilhante e que jamais deixa de irradiar a sua graça libertadora. Pois, como disse Hegel: "Tudo que aconteceu no Céu e na Terra em toda a eternidade, a vida de Deus e todos os feitos do tempo, são simplesmente a luta do Espírito para conhecer a si mesmo, para se encontrar, para ser ele mesmo e, finalmente, unir-se a si mesmo. Ele é alienado e dividido, mas apenas para poder se encontrar e reunir-se a si próprio." A involução é a história dessa alienação, e a evolução é a história desse retorno extraordinário.

As Limitações do Idealismo

Contudo... havia pelo menos uma falha no Idealismo. Essa impropriedade, juntamente com uma corrente importante e devastadora do mundo moderno, conseguiu derrubar o Idealismo do seu pedestal, embora muitas de suas percepções essenciais ainda sejam válidas.

Essa falha consistia em que o Idealismo não possuía *yoga*, isto é, prática testada que *reproduzisse de forma confiável* as percepções transpessoais e superconscientes que formavam a base da grande visão idealista. Ou essas percepções surgiam espontaneamente (e portanto não podiam ser reproduzidas com facilidade), ou eram o resultado de injunções interiores que não se apoiavam em práticas fidedignas que as *corroborassem* (e assim não podiam ser repetidas facilmente).

Fichte, por exemplo, costumava encenar a seguinte experiência interior com seus estudantes: "Tomem consciência da parede. Agora, conscientizem-se daquilo que se conscientiza da parede. Agora conscientizem-se daquilo que se conscientiza do que se conscientiza..." Em outras palavras, era uma tentativa real, embora um tanto desajeitada, para voltar ao Testemunho puro, a subjetividade absoluta que jamais pode ser vista como objeto, pois é o Vidente absoluto e amorfo. Fichte queria que seus discípulos entrassem em contato com aquilo que ele chamava de "Eu absoluto". Podemos fazer isso perguntando no íntimo: "Quem sou eu?" ou "O que é aquilo que agora está consciente?" Esse Eu radical, segundo Fichte, é a origem de todo o mundo manifesto.

É claro que isso é o mesmo que a grande noção vedanta sobre a identidade do Atman (o Eu puro dentro da individualidade) e do Brahman (o Eu do Cosmo). Experiências semelhantes eram feitas pelos vedantas, entre outros, para chegar a esse Testemunho puro, com uma exceção: essas experiências interiores, ou injunções, conhecidas como *yoga*, eram o que chamamos de força-industrial. Não eram simples exercícios a serem feitos em classe para dar aos estudantes um vislumbre do Eu. Eram práticas intensivas, de muitas horas, dias, meses e até anos, em sessões praticamente ininterruptas.

No zen, por exemplo, se o *koan* (tema da meditação) fosse: "Quem sou eu?" ou "Quem entoa o nome de Buda?", o discípulo, segundo Yasutani Roshi, levaria em média *seis anos* para chegar ao primeiro *satori* profundo, ou seja, a genuína revelação do Verdadeiro Eu (que vem a ser também o Verdadeiro Mundo).

É através dessa *prática intensa e sustentada* que a verdadeira consciência transpessoal do Espírito não-dual é despertada, aprofundada, comprovada e transmitida do mestre ao estudante.

Os idealistas não tinham essa prática profunda e corroborada, o *yoga*. Dessa forma, as suas percepções transpessoais, por mais profundas que fossem, advinham ao acaso e, o que era ainda pior, eles não tinham meios para reproduzir essas visões para os outros. Ou se chegava a essas experiências transpessoais e superconscientes, ou não. No primeiro caso, a pessoa acreditava que os idealistas se dirigiam especialmente a ela; no segundo, ela julgava-os completamente confusos e perdidos num lixo metafísico.

Por falta de meios de reproduzir injunções confiáveis (ou *yoga*), o "conhecimento transpessoal" dos idealistas era descartado como "mera metafísica", o que, depois de Kant, seria o suficiente para condenar qualquer filosofia. Em certo sentido, devido precisamente a essa falta de injunções espirituais genuínas (ou práticas, exemplares, paradigmas), os idealistas foram apanhados, pelo menos a esse respeito, na "mera metafísica". Pois metafísica, no "mau" sentido, significa *qualquer sistema de pensamento sem meios de comprovação* (sem reivindicações de validade ou meios de coletar dados e evidências verdadeiros). Sem ter os meios de reproduzir evidências experimentais diretas e verdadeiras, o Idealismo, nesse sentido, degenerou em especulações abstratas, sem poder confirmá-las ou rejeitá-las experimentalmente.

E foi assim que, algumas décadas depois da morte de Hegel, confirmou-se que os idealistas não conseguiram a desejada integração das Três Grandes. Eles *discutiam* aquelas experiências, mas não foram capazes de *transmiti-las* às outras pessoas. A moderna dissociação não havia sido curada, pelo contrário, continuava a se acelerar, e os idealistas foram impotentes para refreá-la.

Em menos de um século, a grande visão idealista havia surgido e desaparecido, pelo menos quanto às finalidades práticas. Essa gloriosa flor espiritual, talvez a mais bela conhecida pelo Ocidente, murchou e perdeu as pétalas, que foram sopradas através de uma paisagem cada vez mais monótona e plana, o admirável e árido Mundo Novo do deserto que estava por vir.

O Reino do Ele

A principal falha interior do Idealismo foi a falta de um genuíno *yoga*. A maior corrente exterior do mundo moderno (prestes a se tornar pós-moderno) a contribuir para a devastação da visão idealista foi simplesmente a continuação do colapso do Cosmo.

Sob o reinado da ciência do ELE (que rapidamente caminhava para uma forma eficiente e imperialista de ciência de sistemas, que considerava o mundo como uma rede holística de ELES entrelaçados), combinado com a industrialização do ELE (que materializou e mercantilizou todo o intercâmbio humano e intersubjetivo, que transformou o "EU" e o "NÓS" em "ELES" comerciais a serem comprados e vendidos num mercado), sob todas essas forças combinadas, as dimensões interiores do Lado Esquerdo estavam rapidamente sendo colonizadas e escravizadas pelos domínios agressivos do Lado Direito. As esferas de valores de arte, moral e espiritualidade, de consciência interior, introspecção e contemplação, de significado, valores e profundidade — em suma, as Três Grandes — ruíram fragorosamente para formar o Grande Um do monismo material.

Assim chegamos à visão de mundo oficial moderna do Ocidente, ou seja, o *holismo plano*, no qual os átomos são parte de moléculas, as quais são parte de células, que são parte de organismos, que são parte de sociedades de organismos, que são parte da biosfera e que é parte do cosmo em geral. Por mais verdadeiros que sejam os elementos dessa holarquia, todos possuem uma localização simples e, portanto, todos, sem exceção, são descritos na linguagem do ELE e conhecidos empiricamente.

Esse reducionismo sutil simplesmente converte todos os hólons do Lado Esquerdo ao seu aspecto correspondente do Lado Direito, eviscerando as dimensões interiores e reduzindo-as a um sistema empírico de ELES. Esse holismo plano, do Lado Direito, é um sistema maravilhosamente entrelaçado e coerente. Ele reconhece holarquias, sistemas e processos entrelaçados.

Ele admite o cérebro, o organismo e maravilhosos e complexos ecossistemas. Observa relações após relações, em processos contínuos, tudo reunido na fantástica Rede da Vida. Ele simplesmente não possui, em termos redutíveis, nenhuma consciência real, percepção, intencionalidade, sentimento, introspecção, contemplação, intuição, valor, poesia, significado, profundidade ou Divindade.

Em outras palavras, o desencanto tornava-se rapidamente evisceração. E nesse holismo plano do materialismo científico, que tanto o Romantismo quanto o Idealismo não conseguiram dominar, surgiram as primeiras revoltas especificamente pós-modernas, no sentido mais restrito e técnico do pós-estruturalismo pós-moderno. Uma vez que a ciência se recusou a tomar o seu lugar numa integração harmoniosa juntamente com as outras esferas de valores, tentou-se crucificá-la e desconstruí-la em seus próprios fundamentos.

Tendo abatido o Golias da ciência, Davi e seus companheiros, poetas, artistas, teóricos literários, pensadores do novo paradigma e visionários de todas as tendências, podiam agora percorrer à vontade o campo gloriosamente livre. Começava uma nova era.

9

Pós-Modernismo: para Desconstruir o Mundo

SE USARMOS O TERMO "PÓS-MODERNO" no seu sentido mais amplo, o de qualquer desenvolvimento que ocorra na esteira da modernidade, tanto o Romantismo quanto o Idealismo podem ser tomados como as primeiras grandes revoltas pós-modernas contra as dissociações e os desastres da planície da modernidade. Mas, com a continuação do colapso do Cosmo — a negação de toda realidade substantiva aos domínios interiores do Lado Esquerdo — nem o Romantismo nem o Idealismo conseguiam mais respirar. Vagarosa, mas inexoravelmente sufocados, por volta do fim do século XIX, esses movimentos culturais largamente difundidos eram, na prática, incapazes de desafiar *seriamente* o monismo científico e o holismo plano.

Assim, de *dentro* do demolido Cosmo pós-moderno, brotou a primeira grande tentativa para desestabilizar a ciência, não exigindo formas mais elevadas de conhecimento (como o Romantismo e o Idealismo haviam feito), mas *tentando abalar a ciência em suas próprias fundações*. E assim surgiu o pós-modernismo, em seu sentido mais restrito e específico (pós-estruturalismo pós-moderno), geralmente associado a uma lista de nomes que se estende de Nietzsche a Heidegger, Bataille, Foucault, Lacan, Deleuze, Derrida, Lyotard e companhia, com um pouco de Wittgenstein para completar.

Não existe uma forma de entender o pós-modernismo sem abarcar o papel intrínseco da *interpretação* no entendimento humano. O pós-modernismo, de fato, deve receber o crédito de tornar a interpretação o centro tanto da epistemologia quanto da ontologia, tanto do saber quanto do ser. Todos os pós-modernistas afirmam, à sua maneira, que a interpretação não apenas é crucial para a compreensão do Cosmo, mas é um aspecto de sua própria estrutura. *A interpretação é uma característica intrínseca do tecido do universo.* Aí está, em uma frase, a verdade duradoura que existe no fundo dos grandes movimentos pós-modernos.

O Que Isso Significa?

Muitas pessoas não conseguem compreender desde logo como e por que a interpretação é intrínseca ao universo. Interpretação aplica-se a coisas como linguagem e literatura, não é mesmo? Sim, mas linguagem e literatura são apenas a ponta do *iceberg*, um *iceberg* que se estende até as profundezas do próprio Cosmo. Podemos explicar isso da seguinte forma:

Todos os eventos do Lado Direito — objetos sensório-motores, processos empíricos e ELES — podem ser observados com o olhar monológico, com o olho da carne. Simplesmente olhamos para a pedra, para a cidade, para as nuvens, para a montanha, para os trilhos do trem, para o avião, para a flor, para o carro e para a árvore. Todos esses objetos do Lado Direito, ELES, podem ser *vistos* pelos sentidos ou suas extensões (microscópios ou telescópios). Eles possuem uma localização simples; podemos até mesmo apontar para a maioria deles.

Mas os hólons interiores, do Lado Esquerdo, não podem ser observados dessa maneira. Não podemos ver o amor, a inveja, a admiração, a compaixão, a percepção, a intencionalidade, os valores ou significação correndo por aí no mundo empírico. Os eventos interiores não são vistos de maneira *exterior* ou *objetiva*, eles são observados pela *introspecção* e *interpretação*; não com o olho da carne, mas com o olho da mente, sem falar no olho da contemplação.

Portanto, se desejarmos estudar *Macbeth* empiricamente, podemos conseguir uma cópia da peça e sujeitá-la a vários testes científicos: ela pesa x gramas, tem x moléculas de tinta, tem x páginas, compostas de tais e tais substâncias orgânicas, e assim por diante. Isso é tudo que podemos comprovar empiricamente sobre *Macbeth*. Esses são aspectos objetivos e exteriores do lado Direito.

Mas, se quisermos saber o *significado* da peça, teremos de lê-la e penetrar no seu interior, no seu significado, nas suas intenções e na sua profundidade. A única maneira pela qual podemos fazer isso é por meio da *interpretação*: "O que *significa* essa sentença?" Aqui, a ciência empírica é inútil, pois estaremos entrando em domínios interiores e profundidades simbólicas, que não podem ser alcançados pelo empirismo exterior, mas apenas pela introspecção e pela interpretação. Não apenas objetiva, mas intersubjetivamente. Não apenas monológica, mas dialogicamente.

Da mesma forma, você poderá me ver descendo a rua, com a cara fechada. Isso você pode ver. Mas o que significa realmente a carranca exterior? Como você pode descobrir? Você me perguntará. Falará comigo. Pode enxergar o meu exterior, a minha superfície, mas para compreender o meu interior, a minha profundidade, terá de entrar no círculo interpretativo. Você, como sujeito, não olhará para mim apenas como um objeto (olhar monológico). Em vez disso, como sujeito, tentará me compreender como um sujeito, como uma pessoa, como um "eu", como um portador de intencionalidade e significado. Falará comigo e interpretará o que eu disser. Eu farei o mesmo com você. Nós não somos sujeitos olhando para objetos; somos sujeitos tentando compreender outros sujeitos, pois estamos no círculo intersubjetivo, na dança dialógica. O monológico descreve; o dialógico compreende.

Isso não é verdade apenas para os seres humanos, mas também para todos os seres sensíveis. Se você quiser compreender o seu cão — ele está feliz, com fome, quer sair para dar um passeio? — terá de *interpretar* os sinais que ele lhe envia. E o seu cachorro faz o mesmo com você, na medida das possibilidades dele. Em outras palavras, o *interior* de um hólon *só pode ser atingido* por meio de interpretação.

Resumindo: as superfícies exteriores podem ser *vistas*, mas a profundidade interior tem de ser *interpretada*. E precisamente porque essa profundidade é parte intrínseca do Cosmo, como a dimensão do Lado Esquerdo de todos os hólons, a própria interpretação é uma característica intrínseca do Cosmo. A interpretação não é algo adicionado ao Cosmo como uma reflexão posterior; ela é a verdadeira abertura para o interior. E uma vez que a profundidade do Cosmo "vai até o fim", conforme as palavras de Heidegger, "a interpretação vai até o fim" também.

Talvez agora possamos entender porque um dos maiores e mais nobres objetivos do pós-modernismo foi introduzir a interpretação como um aspecto intrínseco do Cosmo. Pode-se dizer que todos os hólons possuem uma dimensão do Lado Esquerdo e uma do Lado Direito e portanto todos os hólons, sem exceção, têm um componente objetivo (Direito) e um interpretativo (Esquerdo).

O desastre da modernidade foi que ela reduziu todo conhecimento introspectivo e interpretativo a um plano exterior e empírico: ela tentou apagar do roteiro do mundo a riqueza da interpretação. Ou seja, no jargão pós-moderno: a modernidade marginalizou as modalidades epistêmicas multivalentes por meio de uma hegemonia agressiva do mito dos dados que hierarquicamente inverteu as inscrições hermenêuticas devidas ao falologocentrismo dos significantes patriarcais. Tradução: ela derrubou o Esquerdo para dentro do Direito.

Talvez possamos começar a enxergar que a tentativa do pós-modernismo de introduzir novamente a interpretação na própria estrutura e tecido do Cosmo foi mais um esforço para escapar à planície e ressuscitar os interiores eviscerados e as modalidades de conhecimento interpretativas. A ênfase pós-moderna na interpretação — começando com Nietzsche, passando pelas ciências do *Geist* de Dilthey, a ontologia hermenêutica de Heidegger até Derrida, que afirmou que: "Fora (da interpretação) do texto nada existe" — nada mais é do que os domínios do Lado Esquerdo gritando para serem libertados do esquecimento esmagador do olhar monológico do monismo científico e do holismo plano. Foi a reafirmação audaciosa do EU e do NÓS diante do ELE sem rosto.

Pós-Modernismo Extremo

Mas, como acontece muitas vezes com o pós-modernismo, esse momento da verdade, ou seja, que cada ocorrência real possui um componente interpretativo, foi levado a extremos absurdos que se frustraram a si mesmos; *não existe nada a não ser interpretação* e por isso *podemos dispensar totalmente o componente objetivo da verdade* (e nesse caso, a própria teoria não pode ser verdadeira: "Assim, se isso for verdade, isso é falso. Portanto, isso é falso." Como vimos, essa é a contradição representativa oculta em todo o "teorismo" extremo pós-moderno, e é onde esse ponto de vista se assemelha à manobra da distorção do "novo paradigma" de Kuhn).

Tal rejeição extrema de qualquer tipo de verdade objetiva vem a ser *uma negação total dos quadrantes do Lado Direito*, precisamente o *reverso* do desastre da modernidade: todos os objetos do Lado Direito reduzidos a interpretações do Lado Esquerdo. E, portanto, toda verdade sujeita aos caprichos da interpretação. Todavia, supõe-se que esse desastre às avessas é que livrará a modernidade de sua loucura fragmentada.

Uma vez que a ciência moderna tinha, com efeito, aniquilado duas das três esferas de valores (a estética do EU e a moral do NÓS), o pós-modernismo tentaria simplesmente *matar também a ciência* e assim, à sua maneira bizarra, tentar uma "integração" ou "igualdade de valores" de todas as três esferas, pois estas estariam igualmente mortas, por assim dizer. Três cadáveres ambulantes curariam as dissociações da modernidade. No deserto pós-moderno vagava um esquadrão de zumbis e o mais espantoso de tudo é que eles conseguiram convencer muitos acadêmicos de que esta seria uma solução viável para os males da modernidade.

Apesar disso, o pós-modernismo (extremo) é agora o modo predominante de estudos acadêmicos, de teorias literárias, do novo historicismo, de grande parte da teoria política e (quer os seus proponentes saibam disso ou não) de praticamente todas as formas de se encarar o "novo paradigma" para integrar ciência e religião. E, portanto, isso nos leva a compreender tanto as suas verdades importantes quanto as suas extremas distorções.

Momentos da Verdade no Pós-Modernismo

A filosofia pós-moderna é um complexo aglomerado de noções que se definem quase que totalmente por aquilo que seus proponentes *rejeitam*. Eles não aceitam o "fundacionalismo", o essencialismo e o transcendentalismo. Eles rejeitam a racionalidade, a verdade como correspondência e o conhecimento representacional. Também não concordam com as grandes narrativas, metanarrativas e qualquer tipo de grandes quadros. Rejeitam o realismo, os vocabulários finais e a descrição canônica.

Mesmo que as teorias pós-modernas pareçam incoerentes (e em geral o são), muitas dessas "rejeições" derivam de três pressupostos fundamentais:

1. A realidade não é pressuposta em todos os aspectos, mas, de formas significativas, é uma construção, uma interpretação (essa visão muitas vezes é chamada de "construtivismo"); a convicção de que a realidade é simplesmente dada, e não também parcialmente construída, leva o nome de "o mito do dado".
2. O significado depende do contexto e os contextos são ilimitados (isso em geral é chamado de "contextualismo").
3. Portanto, a cognição não deve privilegiar nenhuma perspectiva isolada (isso se denomina "integral-aperspectiva").

Creio que todas essas assunções pós-modernas sejam bastante acuradas e mereçam ser respeitadas e incorporadas a toda visão integral. Além disso, cada uma delas nos revela algo importante relativo a qualquer integração possível entre ciência e religião e por isso devem ser estudadas com cuidado. Mas cada uma dessas visões também foi aumentada exageradamente por alguma ala extremista do pós-modernismo e o resultado acaba sendo um mundo totalmente desconstruído, que leva os "desconstrucionistas" consigo.

Analisemos isoladamente essas importantes verdades e suas distorções extremistas.

O Mito do Dado

Já vimos que Kant argumentou, convincentemente, que muito daquilo que acreditamos que nos seja dado inocentemente pelos sentidos é na verdade uma construção da mente. Por exemplo, dizemos que se pode ver com facilidade que os nossos dedos são diferentes entre si. Mas onde está essa diferença? Podemos apontá-la? Podemos vê-la? Podemos ver os dedos individualmente, mas podemos realmente *ver* a diferença entre eles?

O fato é que a "diferença" é um conceito mental que sobrepomos a determinadas sensações brutas. Em nenhum ponto dessas sensações sentimos ou vemos a "diferença", nós a *construímos, impomos, interpretamos*; jamais a *percebemos* realmente. Em outras palavras, muito daquilo que julgamos serem *percepções* são na verdade *concepções*, mentais e não empíricas.

Assim, quando os empíricos exigem evidências sensoriais, estão na verdade exigindo interpretações mentais, sem o perceberem. Lembrem-se de que os idealistas tomavam esse fato e o levavam numa direção muito "mental": *Tudo* o que vemos é produto da mente (mas uma mente supra-individual e transpessoal). Os pós-estruturalistas pós-modernos levaram essa mesma noção num sentido bem menos espiritual e bem mais caótico: O mundo dado a nós não é uma percepção mas uma interpretação, e portanto não existem fundamentos, espirituais ou não, que o apóiem.

É exatamente nesse ponto que o pós-modernismo começa a se exacerbar. Ele não enfatiza apenas os aspectos do Lado Esquerdo, ou interpretativos, de todos os hólons, mas *tenta negar completamente a realidade das facetas do Lado Direito, ou objetivas*. As importantes características interpretativas do Cosmo são consideradas as *únicas* existentes. A própria verdade objetiva desaparece em interpretações arbitrárias, impostas pelo poder, gênero, raça, ideologia, antropocentrismo, androcentrismo, domínio da espécie, imperialismo, logocentrismo, falocentrismo, falologocentrismo ou outras variedades igualmente desagradáveis (exceto quanto às pretensões dos teóricos, que são miraculosamente eximidos das acusações de preconceito, supostamente presentes em todas elas: a contradição representativa).

Mas o fato de todos os hólons possuírem um componente interpretativo e um objetivo, não nega esse componente objetivo, apenas o situa. Wilfrid Sellars, considerado o maior opositor do "mito do dado", ou seja, o mito do realismo direto e empirismo ingênuo, o mito de que a realidade simplesmente nos é dada; Wilfrid Sellars afirma que, embora a imagem manifesta de um objeto seja, em parte, uma construção mental, ela é *dirigida*, de maneira importante, pelas *características intrínsecas* da experiência sensorial. É exatamente por esse motivo que a ciência pode fazer progressos *reais*, segundo Kuhn.

Assim, todos exteriores do Lado Direito, mesmo que recebam concepções superpostas, possuem, apesar disso, várias características intrínsecas que são registradas pelos sentidos ou suas extensões, e, de modo geral, todos os hólons do Lado Direito possuem algum tipo de realidade objetiva. A "diferença" entre os nossos dedos pode até ser um constructo mental, mas os dedos em si, de alguma forma, já existiam anteriormente ao conceito que tínhamos deles; eles não são apenas, ou totalmente, um produto de construções mentais. É esse o motivo pelo qual um cachorro, uma criança pré-conceitual e uma câmara, que não possuem uma mente conceitual para fazer essa construção, ainda assim registrem a existência desses dedos. Um diamante cortará um pedaço de vidro, não importa quais palavras ou conceitos culturais tenhamos usado para "diamante", "cortar" e "vidro", e nenhum construtivismo cultural pode alterar esse simples fato objetivo.

Assim, uma coisa é apontar o papel importante mas parcial da interpretação na nossa visão de mundo (de maneira a podermos de fato negar o mito do dado). Mas, ir ao extremo de negar todos os momentos de verdade objetiva (e todas as formas de teorias da correspondência ou representações úteis) é, simplesmente, tornar a discussão incompreensível.

Não é de admirar que John Searle tenha rechaçado essa interpretação em seu excelente livro *The Construction of Social Reality* (*A Construção da Realidade Social*), em oposição à "construção *social da realidade*". A idéia é que as realidades culturais são construídas numa base correspondente de verdade que apóia a própria construção, sem a qual nenhuma construção poderia ter lugar. Mais uma vez podemos aceitar as verdades parciais do pós-modernismo, ou seja: de que a interpretação e o construtivismo são ingredientes cruciais do Cosmo, em toda sua extensão; sem passar ao outro extremo e tentar reduzir todos os outros quadrantes e verdades a esse vislumbre parcial.

O Significado Depende do Contexto

A mesma cautela se aplica à segunda importante verdade do pós-modernismo, isto é, de que o significado depende do contexto. A palavra "manga", por exemplo, significa duas coisas diferentes em frases como: "Maria gosta de comer manga" e "João rasgou a manga do paletó". Em outras palavras, o significado depende do contexto no qual se encontra. Ademais, esses contextos são, em princípio, *infinitos* e *ilimitados*, e, portanto, não há como dominar e controlar definitivamente o significado, pois pode-se sempre imaginar um novo contexto que viria a alterar o significado atual.

Pode-se dizer que os contextos são, na verdade, ilimitados, precisamente porque a realidade se compõe de hólons, dentro de hólons, dentro de hólons, indefinidamente, sem começo nem fim. Mesmo o universo atual é simplesmente uma parte do universo do próximo momento. Qualquer todo é sempre uma parte, infinitamente. E assim todo contexto possível é ilimitado. Dizer que o Cosmo é composto de hólons é o mesmo que afirmar que ele é contextual, tanto para cima quanto para baixo.

Mas esse momento da verdade pós-moderno também foi distorcido e levado a se contradizer pelos pós-modernistas extremados (principalmente pelo ramo conhecido como "desconstrucionismo", e sobretudo seus proponentes americanos), que o utilizaram para negar a existência de qualquer tipo de significado. Cada vez que a ciência ou a filosofia tradicional procura fazer uma declaração sobre o mundo objetivo, o desconstrucionismo simplesmente encontrará um contexto que torne absurda ou contraditória essa afirmação, e assim "desconstruindo" a tentativa. Uma vez que tal contexto *sempre* pode ser encontrado, pois todos os contextos são ilimitados, todo e qualquer significado pode ser agressivamente explodido e desconstruído logo de saída. Foi por essa razão que Foucault se referiu a esse pós-modernismo extremo como "terrorismo". Alguns críticos observaram que esses pós-modernistas extremados, todavia, não tentaram desconstruir o significado de "direitos", "aumento de salário", "promoção" ou "remuneração"; aparentemente esses termos são bastante significativos.

Mas, novamente, se essa teoria for significativa, o seu próprio sentido não terá significado. "Se isso é assim, então não é; portanto, não é." Contextualismo sim, contextualismo extremado não.

A Vez da Lingüística

A importância do contextualismo, interpretação e hermenêutica em geral veio historicamente à tona com aquilo que foi chamado na filosofia de *a vez da lingüística*, ou seja: a compreensão de que a linguagem não é simplesmente a representação de um mundo dado previamente, mas tem uma participação na criação e construção desse mundo. Com esse turno da lingüística, que começou por volta do século XIX, os filósofos deixaram de usar a linguagem para descrever o mundo e, em vez disso, começaram a observar a própria linguagem.

Subitamente, a linguagem já não era mais um instrumento simples e confiável. A metafísica em geral foi substituída pela análise lingüística, pois tornava-se cada vez mais evidente que a linguagem não é uma janela transparente através da qual contemplamos um mundo dado. Ela se assemelha mais a um projetor de diapositivos que joga na tela as imagens que vemos no final. A linguagem ajuda a criar o meu mundo e, como diria Wittgenstein, os limites da minha linguagem são os limites do meu mundo.

De certa forma, a "vez da lingüística" é apenas outro nome para a grande transição da modernidade para a pós-modernidade. Enquanto as culturas pré-modernas e modernas usam a linguagem, simples e inocentemente, para encarar o mundo, a mente pós-moderna virou nos calcanhares e começou a examinar a própria linguagem. Isso jamais havia acontecido antes na história da humanidade. Dali, resultariam algumas descobertas espantosas.

Se quisermos integrar a sabedoria do passado com o conhecimento do presente — e isso significa, em larga escala, o melhor do pré-modernismo, modernismo e pós-modernismo — temos de olhar cuidadosamente para aquilo que o turno pós-moderno da lingüística acrescentou ao nosso conceito de Cosmo. Pois a integração da ciência com a religião é um camelo que, de uma forma ou de outra, terá de passar pelo buraco da agulha pós-moderna: construtivismo, contextualismo e integral-aperspectiva, tudo aquilo que veio à tona com a "vez da lingüística".

A Linguagem Fala

A maior parte das formas de pós-estruturalismo pós-moderno derivam do trabalho do brilhante lingüista pioneiro Ferdinand de Saussure. Sua obra, em particular o seu *Curso de Lingüística Geral* (1916), foi a base de grande parte da lingüística moderna, semiótica, estruturalismo e o conseqüente pós-estruturalismo. Suas percepções essenciais são tão válidas hoje quanto há um século, quando ele as formulou pela primeira vez.

Segundo Saussure, um *signo* lingüístico é composto de um *significante* material (a palavra escrita ou falada, os sinais que aparecem nesta página) e um *significado* conceitual (aquilo que nos vem à mente quando vemos o significante), ambos diferentes do verdadeiro *referente*. Por exemplo, quando vemos uma árvore, a árvore real é o referente; a palavra escrita "árvore" é o significante; aquilo que nos vem à mente (a imagem, o pensamento, o quadro mental ou o conceito) quando lemos a palavra "árvore" é o significado. O significante e o significado juntos constituem o signo total.

Mas, indagava Saussure, o que é que faz com que um signo signifique alguma coisa, que ele realmente *carregue um significado*? Por exemplo, "manga" de camisa e "manga" fruta. Como vimos, a palavra "manga" tem um significado em cada um dos casos, por causa de seu lugar na frase (uma frase diferente dá à palavra um significado totalmente diverso). Da mesma forma, cada frase tem um significado devido ao seu lugar numa sentença maior e, finalmente, na estrutura lingüística total. Nenhuma palavra dada possui significado por si mesma, pois a mesma palavra pode ter significados diferentes, conforme o contexto ou estrutura na qual está colocada.

Assim, apontou Saussure, é a *relação entre todas as palavras* que estabiliza o significado (e não simplesmente apontar para um objeto, pois esse ato de apontar não pode ser comunicado sem uma estrutura total que mantenha cada palavra num lugar significativo). Portanto, e essa foi a grande descoberta de Saussure, *um elemento sem significação torna-se significativo apenas em virtude de uma estrutura total*. (Esse foi o começo do *estruturalismo*, que deu origem a muitas escolas. Entre os seus descendentes estão Lévi-Strauss, Jakobson, Piaget, Lacan, Barthes, Foucault, Derrida, Habermas, Loevinger, Kohlberg, Gilligan, etc. Foi uma descoberta realmente impressionante.)

Em outras palavras, o que não se constitui em nenhuma surpresa, cada signo é um hólon, um contexto dentro de contextos e dentro de outros contextos na rede total. E isso significa, afirmou Saussure, que toda a linguagem é instrumental na conferência de significado a uma palavra individual.

Ora, a noção padrão do Iluminismo (e da planície) era que uma palavra adquire significado simplesmente porque *aponta para* ou *representa* um objeto. É uma questão puramente monológica e empírica. O sujeito isolado olha para um objeto igualmente isolado (por exemplo, uma árvore) e depois simplesmente escolhe uma palavra para representar o objeto sensorial. Isso, pensava-se, *é a base de todo conhecimento genuíno*. Mesmo com complexas teorias científicas, cada teoria é simplesmente um *mapa* que *representa* o território objetivo. Se a correspondência for acurada, o mapa é verdadeiro; se ela for incorreta, o mapa é falso. A ciência — como todo conhecimento verdadeiro, pensava-se — é um simples caso de *representação correta*, um mapeamento acurado. "Nós fazemos imagens do mundo empírico", conforme diria Wittgenstein e, se as imagens coincidirem, teremos a verdade.

Esse é o chamado *paradigma da representação*, também conhecido como *paradigma fundamental do Iluminismo*, porque era a teoria geral do conhecimento reconhecida pela maioria dos filósofos influentes daquele movimento e, portanto, da modernidade em geral. (Lembrem-se de que no capítulo 4 eu o havia relacionado como um dos aspectos definidores da modernidade: "A filosofia moderna é em geral 'representacional', o que significa que ela tenta formar uma representação correta do mundo. Essa visão representacional também é chamada de 'espelho da natureza' pois acreditava-se comumente que a realidade final era a natureza sensorial, e a tarefa da filosofia era pintar ou refletir corretamente a realidade.")

O problema não era a existência ou a utilidade da representação; o conhecimento representacional é, para muitos propósitos, a forma perfeitamente apropriada de conhecer. Mais precisamente, foi a tentativa agressiva e violenta de reduzir todo o conhecimento a representações empíricas que se constituiu no desastre da modernidade: a redução do espírito translógico e da mente dialógica ao conhecimento monológico sensorial: o desmoronamento do Cosmo a meras representações do Lado Direito.

Saussure, com seu estruturalismo primitivo, fez uma das mais acertadas e devastadoras críticas às teorias empíricas de conhecimento. Essas teorias, apontou ele, não dão conta nem mesmo de uma simples "manga de paletó". O significado não deriva apenas de um mero *apontar objetivo*, mas de estruturas *intersubjetivas, as quais não podem ser apontadas objetivamente*! Todavia, sem elas, não poderia haver nenhuma representação objetiva!

Assim, aquilo que um correto filósofo do Iluminismo tomaria por simples "representação", não é tão simples afinal. Ele pensava que ele, o sujeito autônomo, o ego isolado e independente, poderia simplesmente escolher uma palavra (como "manga", por exemplo), e depois dizer qual o objeto que queria que ela apontasse, representasse. Assim, imagina que ele seja totalmente anterior a essa criação de significado; ele é o sujeito orgulhoso e autônomo que cria todo esse significado simplesmente apontando para os objetos que pretende.

A realidade é bem o contrário: O significado é criado por vastas redes de contextos básicos sobre os quais conscientemente sabemos muito pouco. Nós não construímos esse significado; esse significado é que nos constrói. Nós fazemos parte de um grande pano de fundo de signos culturais, e, em muitos casos, não temos nem idéia de onde eles vêm.

Em outras palavras, toda intencionalidade subjetiva (Esquerda Superior) está situada em vastas redes de contextos intersubjetivos ou culturais (Esquerda Inferior), que são instrumentais na criação e interpretação do próprio significado. O significado não é apenas o apontar *objetivo*, mas as redes *intersubjetivas*; não simplesmente *monológico*, mas *dialógico*; não apenas *empírico*, mas *estrutural*; não apenas imagens *representacionais* mas redes *sistêmicas* — e o significado é o resultado tanto da rede quanto do referente. E é precisamente por isso que o significado é mesmo dependente do contexto, e porque a manga de uma camisa é diferente da manga de uma mangueira.

Depois desse extraordinário turno da lingüística, os filósofos jamais olhariam novamente para a linguagem de forma simples e confiante. A linguagem não apenas reporta, representa e descreve o mundo. A linguagem cria, distorce, carrega, revela, oculta, permite, oprime, enriquece, cativa. Para o bem ou para o mal, a própria linguagem é uma espécie de semideus, e, dali por diante, os filósofos concentrariam sua atenção naquela força gigantesca. Da análise lingüística aos jogos de linguagem, do estruturalismo ao pós-estruturalismo, da semiologia à semiótica, da intencionalidade lingüística à teoria do ato da fala, a filosofia pós-moderna tem sido, em larga escala, a *filosofia da linguagem*, e afirma, com razão, que, se quisermos usar a linguagem como um instrumento para compreender a realidade, é melhor que comecemos a examinar melhor esse equipamento.

A Linguagem Lamenta

Os pós-estruturalistas pós-modernos tomaram muitas dessas noções profundas e indispensáveis e, levando-as ao extremo, tornaram-nas praticamente inúteis. Eles não apenas *situaram* a intencionalidade individual no pano de fundo dos contextos culturais, mas procuraram *erradicar* também o sujeito individual: "a morte do homem", "a morte do autor", "a morte do sujeito" nada mais eram do que tentativas de reduzir os sujeitos (Esquerda Superior) a meras estruturas intersubjetivas (Esquerda Inferior). A "linguagem" substituiu "seres humanos" como *agentes* da história. Não é o "eu", o sujeito, quem está falando agora; é apenas a linguagem impessoal e a estrutura lingüística que fala por seu intermédio.

Assim, como apenas um exemplo entre inúmeros outros, Foucault proclamou que: "A importância de Lacan deriva do fato de ele haver demonstrado que são as estruturas, o próprio sistema da linguagem, que falam através do discurso do paciente e dos sintomas de sua neurose, e não o sujeito." A Esquerda Superior reduzida à Esquerda Inferior, naquilo que Foucault chamou de: "Esse sistema anônimo sem sujeito."

Portanto, eu, Ken Wilber, não estou escrevendo estas palavras, nem sou responsável por elas de nenhuma forma primária; na verdade é a linguagem que está fazendo todo o trabalho (embora isso não impeça que "eu", Roland Barthes, ou "eu", Michel Foucault, recebamos os cheques relativos aos direitos autorais, que supostamente não existem).

Dito de forma mais simples, a constatação de que cada "eu" está sempre situado num pano de fundo do "nós" foi deturpada, e chegou-se à noção de que não existe nenhum "eu", mas sim um onipresente "nós" — nenhum sujeito individual, apenas grandes redes de estruturas intersubjetivas e lingüísticas. Chamo a atenção dos budistas para o fato de que essa não é, de maneira nenhuma, a noção do *anatta*, ou não-eu, pois o "eu" foi substituído, não pelo Vazio, mas pelas estruturas lingüísticas finitas do "nós", o que vem a multiplicar, e não a transcender, o verdadeiro problema.

Foucault finalmente rejeitou o extremismo de sua primeira posição, fato deliberadamente ignorado pelos pós-modernistas extremos. Entre outras façanhas hilariantes, os biógrafos pós-modernistas começaram a escrever biografias de sujeitos que supostamente nem existiram, produzindo, assim, livros tão interessantes quanto jantares sem comida.

Para Saussure, o significante e o significado constituíam uma unidade integrada (um hólon). Mas os pós-estruturalistas pós-modernos — e essa foi uma de suas características mais marcantes — fragmentaram essa unidade ao tentar colocar a ênfase quase que exclusivamente nos elos móveis dos *significantes*. Os significantes — o material real ou caracteres escritos — passaram a ter toda a prioridade. Dessa forma, eles foram separados tanto dos seus significados quanto dos seus referentes. E afirmava-se que essas cadeias de significantes móveis ou "flutuantes" se baseavam apenas no poder, nos preconceitos ou na ideologia. Vemos aqui novamente o extremo construtivismo característico do pós-modernismo: os significantes não se firmam sobre nenhuma verdade ou realidade exterior a eles mesmos, mas simplesmente criam ou constroem todas as realidades.

Cadeias móveis de significantes: é essa a jogada essencial do pós-estruturalismo pós-moderno. Ela é pós-ESTRUTURAL, pois começa com as visões de Saussure das estruturas das redes dos signos lingüísticos, que tanto constroem parcialmente quanto representam parcialmente. Mas é também PÓS-estrutural porque os significantes são isolados de qualquer tipo de apoio. Não existe verdade objetiva, apenas interpretações, e assim, de acordo com os pós-modernistas extremos, os significantes não se baseiam em nada a não ser poder, preconceitos, ideologia, gênero, raça, colonialismo, tipo de espécie, e assim por diante (uma contradição representativa que indica que a própria teoria deve estar baseada apenas no poder, preconceitos, etc., e nesse caso é tão desprezível quanto as teorias que ela menospreza).

E é exatamente esse o motivo pelo qual a ordem do dia pós-moderna muitas vezes se liga à noção distorcida do "paradigma" de Kuhn. Foi um casamento talhado no céu interpretativo para todos aqueles que desejavam "desconstruir" o "velho paradigma", que não tinha exemplares ou injunções genuínos e, portanto, de acordo com a verdadeira noção de paradigma de Kuhn, não era nada disso, mas uma simples ideologia fantasiada de estudos culturais, de narcisismo e de niilismo.

Integral-Aperspectiva

O fato de o significado ser dependente do contexto — que é a segunda verdade importante do pós-modernismo, também chamada de "contextualismo" — revela ser necessário um ponto de vista multiperspectivo da realidade. Qualquer perspectiva isolada tenderá a ser parcial, limitada e talvez distorcida. Apenas tomando-se múltiplas perspectivas e contextos poderemos avançar com êxito na busca do conhecimento. E essa "diversidade" é a terceira verdade importante no pós-modernismo em geral.

Jean Gebser, que analisamos em relação às visões de mundo, cunhou o termo *integral-aperspectiva* para se referir aos pontos de vista pluralísticos ou de múltiplas perspectivas, que chamarei também de *lógica de visão* ou *lógica de rede*. "Aperspectiva" significa que não se privilegia nenhuma perspectiva em particular. Portanto, para termos uma visão mais holística ou *integral*, é necessário um ponto de vista *aperspectivo*, motivo pelo qual Gebser agrupou as duas palavras: integral-aperspectiva.

Gebser comparou a cognição integral-aperspectiva com a racionalidade formal, que ele chamou de "razão perspectiva", cuja tendência é ter uma perspectiva isolada e monológica, enxergando toda a realidade através dessas lentes estreitas. Enquanto a razão perspectiva privilegia o ponto de vista exclusivo do sujeito particular, a visão-lógica *soma todas as perspectivas*, sem privilegiar nenhuma, e assim procura apreender o integral, o todo, os múltiplos contextos dentro de outros contextos que revelam o Cosmo incessantemente, não de forma rígida ou absoluta, mas como uma tapeçaria holônica, fluida e multidimensional.

Isso equivale, quase exatamente, à ênfase dada pelos idealistas à diferença entre uma razão meramente monológica, representacional ou empírico-analítica, e uma razão dialógica, dialética e "rede-orientada" (lógico-visão). A primeira foi chamada de *Verstand* e a segunda de *Vernunft*. Os idealistas consideravam a *Vernunft*, ou visão-lógica, como um desenvolvimento mais elevado do que a *Verstand*, ou racionalidade formal. Na verdade, eles encaravam a visão monológica ou racionalidade perspectiva como um "monstro de desenvolvimento interrompido". E esse monstro monológico era, naturalmente, o modo de conhecimento que definia o Iluminismo, motivo pelo qual a crítica dos idealistas àquele movimento (bem como à planície da modernidade) ainda é uma das mais aceitas e irrefutáveis.

Gebser também acreditava que a visão-lógica fosse um desenvolvimento evolutivo que ultrapassava a racionalidade monológica. Mas Gebser e os idealistas não estão sozinhos. Muitas escolas de psicologia e sociologia transpessoal, sem falar em importantes teóricos convencionais, de Jürgen Habermas a Carol Gilligan, encaram a visão-lógica como uma modalidade mais abrangente e elevada de razão. Isso está na Figura 5-1, na qual "formop" é a racionalidade formal e "visão-lógica" é integral-aperspectiva. A visão-lógica ainda não é transracional, mas, pode-se dizer, está na fronteira entre o racional e o transracional e portanto utiliza o melhor de ambos.

A visão-lógica não apenas pode distinguir inter-relações maciças, como ela é, em si, uma parte intrínseca do Cosmo inter-relacionado. E é por isso que ela não só *representa* o Cosmo, mas é também uma *atuação* deste. É claro que todos os modos de conhecimento genuíno são atuações, mas a visão-lógica é a primeira a ter autoconsciência e conseguiu articular isso por meio de Hegel. Saussure fez exatamente o mesmo com a lingüística. Ele tomou a visão-lógica e aplicou-a à linguagem, revelando, pela primeira vez, a sua rede estrutural. A vez da lingüística nada mais é, no fundo, do que a visão-lógica contemplando a própria linguagem.

Essa mesma lógica da visão daria origem a versões extremamente elaboradas da teoria dos sistemas, nas ciências naturais. Da mesma forma, é ela que está por trás do reconhecimento dos pós-modernistas de que o significado depende do contexto e os contextos são ilimitados. Em todos esses movimentos, como em outros ainda, vemos a mão radiante da visão-lógica anunciando as infinitas redes de interconexões holônicas que constituem a própria trama do Cosmo.

É por esse motivo que acredito que o reconhecimento da importância da cognição integral-aperspectiva é a terceira grande (e válida) mensagem do pós-modernismo em geral. Da mesma forma, é a razão pela qual podemos situar o início do pós-modernismo em geral nos grandes idealistas. Derrida fez exatamente isso; ele afirma que Hegel é o último dos antigos ou o primeiro dos novos.

A Linguagem Desmorona

Tudo isso é muito bom. Mas não é o bastante, como vimos, sermos "holísticos" em vez de "atomísticos", ou estarmos voltados para as redes em vez de sermos analíticos e divisivos. E isso por causa do fato alarmante de que *qualquer modalidade de conhecimento pode desmoronar* e limitar-se às superfícies, ao exterior, aos eventos do Lado Direito. E, de fato, tão logo a visão-lógica surgiu heroicamente na evolução, ela foi esmagada pela loucura da planície que assolou o mundo moderno.

Na verdade, como vimos muitas vezes, as próprias ciências de sistemas fizeram exatamente isso. As ciências de sistemas negaram qualquer realidade substancial aos domínios do EU e do NÓS (em seus próprios termos), reduzindo-os a nada além de ELES entrelaçados num sistema dinâmico de processos de redes. Era a visão-lógica atuando, mas uma visão-lógica incapacitada, cambaleante e presa aos processos exteriores e ELES empíricos. Era um holismo, mas um holismo meramente exterior, que eviscerou os interiores e negou qualquer validade aos extensos domínios do holismo do Lado Esquerdo (do EU e do NÓS). As algemas não eram mais atomísticas; elas eram agora — e não nos sentimos melhor assim? — cadeias de degradação holisticamente entrelaçadas.

Exatamente o mesmo destino aguardava grande parte da agenda pós-moderna. Começando com a admirável confiança na consciência da visão-lógica e integral-aperspectiva — mas ainda assim incapaz de escapar ao colapso do Cosmo —, esses movimentos pós-modernos terminaram por sutilmente incorporar e mesmo expandir o pesadelo reducionista. Eles se tornaram uma forma nova e mais elevada de razão, é verdade, mas *uma razão ainda aprisionada no plano*. Eles eram uma perfeita distorção do holismo plano, do monismo material e da loucura monológica. Eles ainda sucumbiam ao desastre da modernidade, mesmo quando anunciavam aos quatro ventos que o haviam subjugado, subvertido, invertido, desconstruído e explodido.

Não existe nada além de *cadeias móveis de significantes*: podemos ver que a única realidade são cadeias móveis de *marcas materiais*, em outras palavras: cadeias móveis de ELES. Apesar de toda a ênfase dada à interpretação e validação interior, o pós-estruturalismo pós-moderno se resume a cadeias móveis de ELES materiais. Acabaram-se os verdadeiros significados — os verdadeiros domínios interiores do EU e do NÓS revelados em seus próprios termos — e o que restou, como aconteceu com a teoria de sistemas, são cadeias holísticas de ELES entrelaçados, superfícies holísticas, todas sem nenhuma profundidade real e, portanto, totalmente incapazes de curar as dissociações da modernidade. E assim deu-se que o pós-modernismo extremo revelou-se simplesmente uma parte da insidiosa moléstia para a qual ele apregoava ser a cura.

A Profundidade Sai de Férias

Na verdade, os pós-modernistas fariam qualquer coisa para negar a profundidade em geral. É como se, sofrendo uma agressão por parte da planície, o pós-modernismo se identificasse com o agressor. O pós-modernismo começou a abraçar as superfícies, defender as superfícies, glorificar as superfícies, e apenas as superfícies. Existem apenas cadeias móveis de significantes; tudo é texto material; não existe nada sob a superfície; só existe a superfície. Como afirmou Bret Easton Ellis em *The Informers*: "Nada era afirmativo; o termo 'generosidade de espírito' não se aplicava a nada; era apenas um clichê, uma espécie de brincadeira de mau gosto... A reflexão é inútil, o mundo não faz sentido. Superfície, superfície, superfície, só isso tinha significado... era assim que eu via a civilização, colossal e recortada."

Robert Alter, ao criticar *The Tunnel*, de William H. Gass (livro tido por muitos como o definitivo romance pós-moderno), ressalta que a estratégia definidora dessa obra-prima pós-moderna é que "tudo está deliberadamente reduzido à superfície mais plana". E isso se dá ao "negar a possibilidade de fazer distinções conseqüentes ou graduações significativas entre valores estéticos ou morais. Não existe o interior: assassino e vítima, amante e onanista, altruísta e intolerante, se dissolvem no mesmo lodo inevitável": as mesmas cadeias móveis de significantes igualmente sem sentido.

Tudo reduzido à mais plana das superfícies... *Não existe interior*, uma descrição perfeita da planície, a qual, começando com a modernidade, foi na verdade ampliada e glorificada com a pós-modernidade extrema: "superfície, superfície e superfície, era só isso o que se via".

Alter estava certo ao dizer que, por trás disso tudo, estava a incapacidade ou recusa em fazer "distinções conseqüentes ou graduações significativas entre valores estéticos ou morais". Nesse deserto, onde só existiam os significantes do Lado Direito e as superfícies, não existem valores, sentido nem distinções qualitativas de nenhum tipo, pois estes existem apenas nos domínios do Lado Esquerdo. Reduzir o Cosmo a significantes do Lado Direito é sair do mundo real para entrar na zona de penumbra conhecida como universo desqualificado. Aqui não existem holarquias interiores, nem classificações significativas do EU e do NÓS, nem distinções qualitativas de nenhum tipo e nem gradações de profundidade, de sorte que fato e ficção, verdade e mentira, assassino e vítima, como disse Alter, são reduzidos a superfícies equivalentes.

"Subvertam todas as hierarquias!", um dos gritos de guerra do pós-modernismo extremo, quer dizer, na verdade: "Destruam todos os valores, matem toda a qualidade, massacrem todo o significado." O pós-modernismo extremo partiu da nobre visão de que todas as perspectivas merecem ser ouvidas, para a convicção totalmente autocontraditória de que nenhuma perspectiva é melhor do que outra (contraditória porque sua própria crença é considerada muito melhor do que as alternativas).

Assim, sob a intensa força de gravidade da planície, a consciência integral-aperspectiva torna-se simplesmente uma *loucura aperspectiva* — a convicção contraditória de que nenhuma crença é melhor do que outra —, uma completa paralisia do pensamento, vontade e ação em face de milhões de perspectivas, todas com exatamente a mesma profundidade, ou seja, zero.

Em certo trecho de *The Tunnel*, Gass descreve a *perfeita forma pós-moderna*, que serve para "vulgarizar, enxovalhar tudo, poluir os poluentes, explodir os explodidos, sujar o lixo... Tudo é superfície... Por mais que você viaje nela, não encontrará interior: não existe 'dentro', não existe 'fundo'".

Sem dentro, sem fundo. Isso talvez seja um perfeito credo para o pós-modernismo extremo, em geral. E é nesse deserto moderno e pós-moderno, contra a disposição dominante, que queremos introduzir o "dentro", a profundidade, os interiores do Cosmo, os contornos do Divino.

PARTE III

A Reconciliação

10

Por Dentro: Uma Visão de Profundidade

O MUNDO MODERNO E PÓS-MODERNO ainda vive nas garras da planície, das superfícies, dos exteriores destituídos de qualquer interior: "nem interior, nem profundidade". As únicas alternativas de larga escala são um abraço exuberante da superficialidade (como no pós-modernismo extremo) ou uma *regressão aos interiores das modalidades pré-modernas*, da religião mítica à magia tribal e à nova era narcisista. Uma espiritualidade moderna e pós-moderna ainda continua a se esquivar de nós, principalmente porque a *irreversível* diferenciação da modernidade criou demandas difíceis mas inevitáveis na procurada integração: a espiritualidade deve ser capaz de enfrentar a autoridade científica, não copiando a loucura monológica mas anunciando seus próprios meios e modos, datas e evidências, validades e verificações. A espiritualidade deve ser capaz de integrar as Três Grandes esferas de valores do eu, da cultura e da natureza, e não apenas tentar desdiferenciá-las, num escorregão ao pré-moderno, ou desconstruí-las, numa explosão pós-moderna.

Vimos que, historicamente, as três mais importantes tentativas para introduzir novamente o Espírito no mundo moderno e pós-moderno foram o Romantismo, o Idealismo e algumas escolas do Pós-modernismo. E vimos por que cada uma delas finalmente falhou. Os românticos, apanhados na falácia do pré/trans, em geral terminavam por recomendar a desdiferenciação em vez de uma genuína integração (apesar das demonstrações de interesse por esta última). Os idealistas evitavam a regressão, mas não possuíam *yoga*, ou injunções transpessoais, que reproduzissem suas intuições espirituais para os outros, de forma que o Idealismo degenerou para uma "mera metafísica", ou seja, pensamento sem evidência real. E os pós-modernistas, sem base em qualquer concepção de verdade, não tinham mais nada a não ser suas disposições: narcisismo e niilismo, como uma infernal parelha pós-moderna. Combinado com uma distorção da noção de "paradigma" de Kuhn, o egocentrismo apareceu para anunciar a alvorada de uma gloriosa transformação do mundo, alegremente embriagado com o pensamento da enorme importância do seu próprio ego em todo o espetáculo global.

Com o domínio da planície, surgiram dois tipos principais de atentados *para quebrar a influência do monismo científico*: o Romantismo e o Idealismo procuraram um pluralismo epistemológico, enquanto o Pós-modernismo optou por um "teorismo". No primeiro caso, a ciência é vista como uma de diversas modalidades de conhecimento, de forma que ciência e religião possam coexistir como diferentes mas igualmente importantes aspectos do Real. No segundo, todos os modos de conhecimento são desconstruídos, deixando um campo extremamente nivelado, o qual esperam que venha a ser libertador, graças à subversão das hierarquias dominantes.

Todos falharam, no final. O pluralismo epistemológico havia sido abarcado, em várias formas, pela religião clássica, pelo Romantismo e pelo Idealismo. Mas nenhuma dessas formas poderia resistir ao assalto de um monismo científico moderno e agressivo. A ciência moderna simplesmente descobriu que inúmeros itens, que supostamente seriam transcendentes por completo, na verdade estavam ancorados, de forma muito real, imanente e natural, no cérebro e organismo empíricos — nada de "sobrenatural" havia neles e, portanto, sem outros modos de conhecimento que precisassem ser reconhecidos. O pluralismo epistemológico ruiu com o resto do Cosmo: só existem eventos do Lado Direito, com acesso por meio das modalidades de conhecimento monológicas e empíricas. Só a ciência governa o epidêmico reino do ELE onipresente.

O teorismo pós-moderno (ciência como poesia-paradigma) também desmoronou, desta vez sob o peso de seus próprios absurdos e contradições representativas. A ciência e a religião foram colocadas no mesmo nível ao serem mortas, e o deserto de superfícies intermináveis foi proclamado como o único a ter realidade, o que em si é uma afirmação que, se for verdadeira, será falsa.

Apesar disso, todas essas interpretações: Romantismo, Idealismo e Pós-modernismo, têm momentos de verdade que precisam ser respeitados e incorporados em um abraço mais integrativo. Esse é um dos objetivos de um ponto de vista verdadeiramente Integral, que este livro procura expressar.

Se quisermos que uma genuína integração entre ciência e religião se transforme em realidade, ela terá de considerar a reunião das Três Grandes (arte, moral e ciência), não as *deformando* para que se encaixem em algum esquema bem arrumadinho, mas tomando-as exatamente como são. Não há necessidade de forçar a ciência para algum tipo de "novo paradigma" que será, então, supostamente compatível com a espiritualidade. A própria tentativa é um enorme erro de categoria, uma profunda confusão sobre a natureza e o papel da ciência monológica, da filosofia dialógica e da espiritualidade translógica. Estas devem ser integradas como as encontramos, e não depois de serem distorcidas por um nivelamento monológico que apague as próprias diferenças que deveriam ser integradas, em primeiro lugar.

O ponto de vista Integral, portanto, tenta exatamente isto: uma integração das Três Grandes, exatamente da forma que elas são: arte (estético-expressiva, personalidade e auto-expressão, fenomenologia subjetiva), moral (justiça intersubjetiva, bondade ética, comunhão cultural) e ciência (natureza objetiva, o mundo empírico, ocasiões concretas). Nada espetacular deve ser feito a essas três esferas de valores (ou quatro quadrantes); tomamo-las mais ou menos como elas se encontram. Tudo que se pede é que cada uma delas comece a desconfiar de que a sua verdade não é a única verdade do Cosmo.

Não obstante, é exatamente aí que está a dificuldade. Todas as formas passadas de pluralismo epistemológico falharam no teste da modernidade, pois a própria ciência não duvida, nem seria capaz de duvidar, fundamentalmente de sua competência para revelar todas as formas importantes de verdade. Com o colapso do Cosmo, a integração das Três Grandes não era mais considerada um problema. E isso porque não havia mais Três Grandes, apenas A Grande, ou seja, o materialismo científico e o holismo plano: nenhuma integração era necessária ou objetivada.

Para que possamos prosseguir com sucesso em nossa busca, temos de retroceder até antes do colapso do Cosmo. Não antes da diferenciação da modernidade, mas apenas antes da dissociação. E iniciar a nossa reconstrução a partir daquele ponto fatídico, o ponto da fragmentação, alienação, separação e colapso.

E foi naquele ponto que todas as dimensões interiores perderam a legitimidade. A modernidade não rejeita o Espírito em si. A modernidade rejeitou sim os *interiores* em si, e o Espírito foi simplesmente uma das muitas baixas. O próprio interior, do mais baixo ao mais alto, do pré-pessoal ao pessoal e ao transpessoal, tudo que era interior foi "coisificado", transformado em objetos do olhar monológico, forçado sob a esfera de ação instrumental do materialismo científico: a mente subjetiva reduzida ao cérebro material, os valores intersubjetivos reduzidos a problemas técnicos, a intencionalidade reduzida a condicionamento comportamental, o Espírito (caso tenha sobrevivido) reduzido à Rede da Vida empírica e à econatureza (holismo plano), visões de mundo culturais reduzidas a modos de produção materiais, a compaixão reduzida à serotonina, a consciência reduzida a *bits*, em suma e de todas as formas, o EU e o NÓS reduzidos a ELES velozes.

Com certeza o Espírito não sobreviveu a esse colapso moderno, como também não o fizera nenhuma outra dimensão interior, inclusive os simples sentimentos, percepções e afetos, sem falar na intencionalidade em geral, os domínios mentais como realidades irredutíveis com seu próprio peso ontológico e, é claro, os reinos espirituais e transpessoais também. A planície não aceita nenhum domínio interior, e a nova introdução do Espírito é a menor das preocupações.

Dessa forma, a nossa tarefa não é especificamente reintroduzir a espiritualidade e, de alguma forma, procurar mostrar que a ciência moderna está se tornando compatível com Deus. Esse ponto de vista, adotado pela maioria das tentativas de integração, não se aprofunda o bastante no diagnóstico da doença e, portanto, na minha opinião, não examina as questões mais importantes.

Pelo contrário, é a reabilitação do *interior em geral* que abre a possibilidade de reconciliar a ciência com a religião, integrar as Três Grandes, vencer as dissociações e desastres da modernidade, e assim cumprir as brilhantes promessas da pósmodernidade. Não o Espírito, mas o *dentro*, é o cadáver que temos de ressuscitar primeiro.

As Objeções da Ciência Empírica

Todas as tentativas típicas para integrar ciência e religião têm falhado porque a ciência empírica rejeita as dimensões interiores. E ela o faz por dois motivos, principalmente:

1. Todas as modalidades de consciência presumivelmente "interiores", "mais elevadas", "transcendentais", "sobrenaturais" ou "místicas" parecem estar completamente engastadas nos processos naturais, objetivos e empíricos do cérebro. Assim, não são mais elevadas de forma genuína, mas apenas diferentes tipos de acontecimentos biomateriais do cérebro biomaterial. Não são necessários níveis superiores de realidade, além dos sensório-motores, para explicar esses estados.
    Portanto, não existem domínios interiores irredutíveis que possam ser estudados por diferentes modos de conhecimento; existem apenas ELES objetivos (atomísticos ou holísticos) melhor estudados pela ciência. Em suma, os domínios interiores não têm realidade própria; assim, não existem modos de conhecimento "interiores" que não possam ser totalmente explicados.
2. Mesmo que existissem outros modos de conhecimento além do empírico-sensorial, eles não teriam meios de serem validados e, portanto, não poderiam ser levados a sério. Eles seriam, na melhor das hipóteses, apenas gostos pessoais ou subjetivos e amostras idiossincrásicas, úteis talvez como preferências emocionais, mas sem nenhuma validade cognitiva.

Creio que ambas as objeções — de que não existe interior, ou, caso exista, não pode ser verificado — são totalmente incorretas. Mas elas existem como uma parede reforçada barrando o caminho do matrimônio da ciência com a religião. Se as minhas respostas a essas duas objeções forem satisfatórias, ótimo. Caso contrário, talvez elas ajudem a descobrir outras melhores. Mas, a menos que encaremos essas objeções e encontremos respostas para ambas, a integração entre ciência e religião não será possível, e as abordagens que não ataquem diretamente esses problemas serão irrelevantes.

Eis aqui uma visão geral das minhas respostas, que se tornarão mais claras à medida que prosseguirmos.

Creio que a primeira objeção, de que não existem interiores reais, será refutada pelas provas que revelam a existência dos quatro quadrantes, comprovada por inúmeros dados: empíricos, fenomenológicos, transculturais e contemplativos. O peso dessas provas, por vezes, é um fardo para os futuros reducionistas, que precisam trabalhar incessantemente para combatê-las.

Com mais pertinência, podemos afirmar que, se a ciência empírica rejeita a validade de toda e qualquer forma de apreensão e conhecimento interior, então ela rejeita também a sua própria validade, grande parte da qual se baseia em estruturas e percepções interiores, que *não* são fornecidas ou confirmadas pelos sentidos, como a lógica e a matemática, para citar apenas duas.

Se a ciência reconhece essas apreensões interiores, das quais dependem suas próprias operações, então *ela não pode objetar ao conhecimento interior em si*. Ela não pode jogar no lixo *todos* os interiores, sem que seja eliminada também. Como veremos, a maior parte dos filósofos da ciência *já* concorda com esse ponto de vista. Isso enfraquece a primeira objeção, deixando à ciência apenas a segunda como recurso para desqualificar as outras modalidades de conhecimento e assim manter a sua hegemonia.

Nesse caso, pode-se argumentar que a segunda objeção pode ser afastada demonstrando que o método científico, em geral, consiste em três linhas básicas de conhecimento (injunção, apreensão e confirmação/rejeição). Se pudermos provar que *os modos de conhecimento genuinamente interiores também seguem essas três linhas*, então a objeção de número dois, ou seja, de que esses modos alternativos não têm legítimas reivindicações de validade, seria refutada.

Com o desmantelamento das duas principais objeções científicas aos domínios interiores, estaria aberta a porta para uma verdadeira reconciliação entre a ciência e a religião, bem como para as Três Grandes em geral. *Não* tentaremos provar à ciência que ela está errada, que ela é um velho paradigma, um produto da consciência dissociada, patriarcal, divisiva ou doentia, mas sim que ela está certa, embora seja parcial. A ciência, com todo direito, não aceitaria as críticas anteriores; se ela vier a ceder, será neste último particular.

A Ressurreição do Interior

Como vimos, os empíricos, bem como os positivistas, behavioristas e "cientifistas", em geral, negam a realidade irredutível de praticamente todas as dimensões do Lado Esquerdo; para eles, apenas o Lado Direito é real. Todos os eventos do Lado Esquerdo são, na melhor das hipóteses, reflexões ou representações do mundo sensório-motor, o mundo da localização simples, o mundo dos ELES, detectado pelos sentidos humanos ou suas extensões, ou, em geral, por algum tipo de atividade objetivante.

Em outras palavras, todos eles aceitam o mito do dado, o mito de que o mundo sensório-motor nos é dado simplesmente por experiência direta, e que a ciência, cuidadosa e sistematicamente, reporta o que encontra ali. Mas essa visão é, na verdade, um mito, e até mesmo os mais ortodoxos filósofos da ciência concordam com isso, de forma que o assunto já é considerado como assente.

Já vimos que o mito do dado foi aumentado desproporcionalmente pelos pós-modernistas extremos, e depois usado para negar toda e qualquer verdade objetiva. Esse extremismo deve certamente ser evitado. Existe de fato aquilo que Wilfrid Sellars denomina de *características intrínsecas* do mundo sensório-motor, que previnem a dissolução total da verdade objetiva e permitem que a ciência faça progressos *verdadeiros*.

Mas, por outro lado, um empirismo ingênuo — que a ciência registra simples e inocentemente como os inabaláveis dados fornecidos pela experiência — também se constitui numa visão extrema e insustentável. É o "mito do dado".

Por exemplo, nós não percebemos uma árvore. O que vemos realmente, o que é dado à nossa experiência, é simplesmente um monte de manchas coloridas. Os empíricos, racionalistas e idealistas concordam com isso. Os empíricos tradicionais tentam basear todo o conhecimento naquilo que é "dado" pelos sentidos: as *manchas coloridas*. Mas reconhecemos agora que não se pode deduzir o conhecimento só a partir de manchas. O empirismo clássico encalhou apenas por causa dessa possibilidade.

Assim, até mesmo *The Cambridge Dictionary of Philosophy*, um dos bastiões da visão e consenso ortodoxos, afirma que: "As epistemologias que postulam aquilo que simplesmente é dado exigem um único tipo de entidade para explicar a natureza sensorial da percepção e para oferecer fundações epistêmicas imediatas para o conhecimento empírico. *Sabe-se agora que é impossível satisfazer essa exigência*; é por essa razão que Wilfrid Sellars descreve esse desacreditado ponto de vista como o mito do dado... Concluindo que a doutrina do dado é falsa, ele sustenta que o empirismo clássico é um mito." (Grifos meus)

E não apenas Sellars. Como o próprio dicionário afirma, as exigências do empirismo clássico são agora "reconhecidamente de impossível satisfação... o empirismo clássico é um mito". Isso coincide com o resumo de John Passmore sobre o estado do positivismo, a filosofia oficial do cientismo: "O positivismo lógico, portanto, está morto, pelo menos tão morto quanto um movimento filosófico pode estar."

Isso tudo pode ser dito de forma bem simples: a ciência trata o mundo empírico com um maciço aparato conceitual que contém tudo, desde cálculo tensor a números imaginários, de extensivos signos interlingüísticos a equações diferenciais — os quais são, virtualmente, estruturas *não-empíricas*, encontradas *apenas* em espaços interiores — e depois assevera, espantosamente, que está simplesmente "reportando" aquilo que "encontrou" no mundo "dado" — quando, na verdade, tudo isso é revelado por meio de manchas coloridas.

Para a ciência, reconhecer as maciças estruturas interiores que ela traz à questão não significa negar as intrínsecas características objetivas do mundo exterior, mas sim simplesmente reconhecer também a realidade e importância dos domínios subjetivos e intersubjetivos responsáveis pela geração de grande parte do conhecimento.

Portanto, há de fato características intrínsecas preexistentes no mundo sensório-motor que constringem as nossas percepções — por exemplo, se deixarmos cair uma mancha colorida, chamada maçã, ela sempre cairá na mancha colorida chamada chão. Essas características intrínsecas *ancoram* o componente objetivo da verdade (em todos os domínios).

Ao mesmo tempo, esses traços objetivos são diferenciados, conceitualizados e organizados, e recebem grande parte de sua forma e conteúdo reais de estruturas conceituais, as quais existem em *espaços não-empíricos e não-sensoriais*. Essas *estruturas internas* englobam não apenas contextos culturais profundos, estruturas lingüísticas intersubjetivas e normas éticas consensuais, como também a maior parte dos específicos instrumentos conceituais usados pelos cientistas para analisar os seus dados objetivos; esses instrumentos incluem a lógica, amostras estatísticas e todo tipo de matemática, da álgebra à álgebra booleana, ao cálculo, aos números complexos até os números imaginários. *Nenhuma dessas estruturas pode ser vista ou encontrada em nenhum lugar do mundo exterior, empírico e sensorial.* Todas elas são ocasiões subjetivas, intersubjetivas e interiores do Lado Esquerdo. E ninguém ainda achou uma forma de reduzir esses conhecimentos a manchas coloridas.

Como Investigar os Interiores

É claro que a ciência empírica se sente livre para prosseguir alegremente no seu caminho, sem parar para examinar os instrumentos interiores que ela usa para investir contra o mundo. O que ela não pode fazer, sem obliterar a si mesma, é negar a existência ou a importância desses instrumentos. Mas é exatamente isso que acontece quando a ciência degenera em "cientismo" e rejeita totalmente a existência das dimensões interiores, simplesmente porque nenhuma delas é uma mancha colorida.

A ciência empírica depende desses domínios interiores (subjetivos e intersubjetivos) para a sua própria operação objetiva. Mas, como eles não podem ser alcançados pelos meios simplesmente monológicos, objetivos e sensório-motores, a ciência empírica, em suas formas mais grosseiras, simplesmente rejeitou totalmente esses interiores, os quais não apenas permitem as operações dela, como também contêm a intimidade do Cosmo.

Esse reducionismo auto-obliterante não é uma ciência genuína, é simplesmente uma ciência idiota, criada pelo colapso da modernidade. A ciência se torna um cientismo imperialista e cai no ingênuo mito do dado, que tolamente atribui às suas manchas coloridas grande parte daquilo que só é encontrado no aparato conceitual cuja existência acabou de negar.

Mas o ponto mais importante é que esses espaços e estruturas interiores — desde a lingüística até a matemática e modos interpretativos até a lógica — *podem ser investigados por si mesmos*. Os cientistas já o fazem quanto à lógica e à matemática. Ninguém jamais viu números imaginários, como por exemplo a raiz quadrada de um número negativo, andando por aí no mundo sensível, mas os matemáticos fazem uso deles o tempo todo. Eles o fazem investigando as *estruturas e padrões interiores* que ligam diversos símbolos não-empíricos. O mesmo pode ser dito a respeito da maior parte da lógica, das teorias das *n* dimensões, do cálculo tensor, e assim por diante... A lista é quase infinita.

Já falamos do mesmo ponto de vista aplicado à lingüística, quando Saussure, numa abertura pioneira, rejeitou o mito do dado (da simples representação empírica) e demonstrou que o significado de uma palavra não deriva simplesmente do fato de que ela esteja apontando para uma mancha colorida, mas também por ela fazer parte de uma vasta rede intersubjetiva de signos não-empíricos (nenhum dos quais é uma mera mancha colorida).

Os teóricos behavioristas da linguagem só podem investigar o simples apontar (e portanto, segundo Chomsky, nunca foram capazes de explicar a aquisição da linguagem!). Mas a *semiótica* (o estudo dos signos em sua estrutura intersubjetiva) e a *hermenêutica* (o estudo da interpretação baseada na apreensão de toda a rede de significado) fizeram avanços admiráveis na nossa compreensão da lingüística precisamente por causa do mito do dado, o mito de que apenas o mundo sensorial monológico é a única realidade irredutível.

A conclusão é evidente: os espaços interiores não apenas estruturam o conhecimento empírico como também constituem um domínio interior que contém uma grande quantidade de outros tipos de estruturas, padrões, conhecimentos, valores e conteúdos — que vão da lógica e da matemática à ética e à lingüística. A ciência empírico-sensorial não pode investigar esses domínios com seus instrumentos exteriores; mas só um tolo poderia negar a sua existência, ou que outras modalidades de investigação possam dar acesso a esses domínios extraordinários.

Uma Abertura para a Profundidade

A primeira objeção, ou seja, de que os domínios interiores não possuem uma realidade própria e que apenas os objetos sensório-empíricos são fundamentalmente reais, é uma noção na qual poucos cientistas e filósofos da ciência acreditam de fato. Qualquer cientista que utilize a matemática já sabe que a realidade não é apenas sensória. Atualmente, a grande maioria dos cientistas rejeita o mito do dado.

O mito do dado é na verdade o mito dos exteriores intocados pelos interiores, de meros objetos intocados pelas estruturas subjetivas e intersubjetivas. É o mito de que existem menos de quatro quadrantes no Cosmo, o mito do Grande Um em vez dos Três Grandes. É o mito que está no fundo do empirismo clássico, do positivismo, do behaviorismo, da modernidade em colapso e do cientismo. É o mito dos objetos sem sujeitos, das superfícies sem profundidade, da quantidade sem qualidade, do verniz sem valor — o mito totalmente rançoso de que *só o mundo do Lado Direito é verdadeiro*. Mas é, de fato, um mito, e esse mito está decididamente morto.

Uma vez demolido o mito do dado, a primeira grande objeção da ciência empírica ao conhecimento interior também não resiste. A ciência não pode rejeitar um modo de conhecimento apenas por este ser interior. Assim sendo, a ciência é forçada a tornar-se mais seletiva, por assim dizer. Ela precisa rejeitar *algumas* modalidades interiores, como por exemplo a contemplativa e espiritual, e *só pode* fazê-lo recorrendo à segunda objeção, isto é, que esses outros modos interiores não possuem meios válidos de verificação.

Bem, vejamos.

11
O Que É Ciência?

JÁ VIMOS QUE OS FILÓSOFOS DA CIÊNCIA concordam que a ciência empírica depende, para sua operação, de estruturas subjetivas e intersubjetivas que permitem que o conhecimento objetivo surja e se estabilize, em primeiro lugar. Falando claramente, o conhecimento dos exteriores sensórios depende de interiores não-sensórios, os quais são tão reais e importantes quanto os próprios exteriores. Quando recebemos uma mensagem por telefone não dizemos que a mensagem é real e o telefone é ilusório. Desacreditar um é desacreditar o outro.

Se a ciência sensorialmente orientada não está equipada para investigar aqueles domínios interiores, nem por isso ela pode negar a existência destes sem negar as suas próprias operações. Ela não pode mais alegar que apenas os exteriores sejam verdadeiros. E isso, muito simplesmente, rebate a nossa primeira objeção (a crença de que os domínios interiores não possuem uma realidade própria). Exatamente pelo fato de a ciência empírica ser obrigada a reconhecer os interiores, ela não pode rejeitar o Espírito meramente pelo fato de este ser algo interior. Assim cai por terra a primeira grande objeção.

Dessa forma, se a ciência deseja continuar a negar o Espírito, ela será forçada a recuar para a segunda objeção e não tentar negar todos os interiores, mas apenas alguns tipos deles, sob a alegação de que alguns interiores "desacreditados", como por exemplo a experiência espiritual, não podem ser verificados. Estes seriam, na melhor das hipóteses, apenas modos particulares de conhecimento; na pior, seriam alucinações.

Tradicionalmente, o que sempre espantou a ciência empírica e positivista quanto a esses "interiores" é que eles não podem ser "objetivados" e golpeados com um martelo sensório-motor, quer este seja um telescópio, um microscópio, uma chapa fotográfica, etc. Assim, a ciência empírica incorre em confusão: ela afirma que a sua *metodologia* básica cobre todas as *dimensões* reais da existência, ao passo que estas são considerações totalmente separadas. Uma vez que isolamos o *método* científico de sua aplicação a um *domínio* particular, descobriremos que um certo espírito de inquirição científica, honestidade e falibilidade pode realmente ser atribuído aos domínios interiores (o que *já é* feito com a sua própria matemática e lógica). Constataremos também que a "ciência", no sentido mais amplo, não precisa se restringir a manchas sensoriais, mas poderá incorporar uma ciência da experiência sensorial, uma ciência da experiência mental e uma ciência da experiência espiritual.

Caso isso ocorra, poderá ajudar a "desassombrar" os interiores e colocá-los numa posição bem mais tranqüilizadora, epistemologicamente falando. Para conseguir isso, temos de examinar mais de perto o que entendemos por "ciência".

O Método Científico

A noção de que existe um "método científico" único e direto foi desacreditada há muito. Reconhece-se unanimemente que não existe algoritmo (método estabelecido) para gerar teorias a partir de dados; a própria noção fazia parte do mito do dado. Apesar disso, a maioria dos filósofos e certamente quase todos os cientistas atuantes têm uma idéia bastante precisa do que realmente significa "fazer ciência". Essa noção é precisa o suficiente, em todo caso, para diferenciar o conhecimento científico da poesia, da fé, do dogma, da superstição e de proclamações não verificáveis. O método científico pode ser meio tortuoso, mas ainda consegue realizar muitas coisas, como por exemplo, colocar um homem na Lua, o que talvez não pudesse ser feito se não existisse nenhum método. Acredito que seja possível, de fato, apontar alguns dos ingredientes gerais do método científico, o que farei em seguida.

Mas uma das coisas mais interessantes a respeito do método científico é que nada do que ele afirma deve ser aplicado *apenas* aos domínios ou experiências sensoriais. Afinal de contas, nós pensamos em análise, em lógica, em cálculo tensor vetorial, em números imaginários, em álgebra, etc., como "científicos" no seu sentido mais amplo, mas nenhum deles é primariamente empírico-sensorial. Obviamente, "sensorial" e "científico" não são a mesma coisa.

Portanto, *quando procurarmos as características definidoras do método científico, não poderemos incluir o "empirismo sensorial" entre elas*. Os padrões definidores do conhecimento científico devem abarcar tanto a biologia quanto a matemática, a geologia e a antropologia, a física e a lógica, algumas das quais são sensório-empíricas e outras não.

Parte da confusão nessa área deriva do fato de que, historicamente, "empírico" sempre teve dois significados amplos mas diferentes. Acredito que a compreensão desses dois tipos de empirismo seja a chave para o entendimento do método científico.

Dois Tipos de Empirismo

Por um lado, "empírico" sempre significou *experimental*, no seu sentido mais amplo. Quando afirmamos que possuímos uma verificação empírica, quer dizer simplesmente que temos algum tipo de evidência experimental, dados ou confirmação diretos. Ser "empírico", nesse significado mais extenso, significa a exigência de *evidências* para confirmação das asserções, e não apenas confiança em dogmas, fé ou conjecturas que não podem ser verificadas.

Tenho grande simpatia por essa posição. De fato, ao usar "empírico" no sentido extenso de "exigência de evidências experimentais", considero-me um empírico ardoroso. Pois na verdade existem experiência sensorial, experiência mental e experiência espiritual; e empirismo, no sentido mais amplo, significa que temos sempre de recorrer à *experiência* para fundamentarmos as nossas afirmações sobre qualquer desses domínios (sensorial, mental e espiritual).

Portanto, existem *empirismo sensorial* (do mundo sensório-motor), *empirismo mental* (incluindo lógica, matemática, semiótica, fenomenologia e hermenêutica), e *empirismo espiritual* (misticismo experimental, experiências espirituais).

Em outras palavras, há evidências observáveis pelo *olho da carne* (por exemplo, características intrínsecas do mundo sensório-motor), evidências que são vistas pelo *olho da mente* (matemática, lógica e interpretações simbólicas) e aquelas enxergadas pelo *olho da contemplação* (como *satori, nirvikalpa samadhi*, gnose).

Como veremos, as evidências experimentais em cada um desses modos são, na verdade, *públicas,* ou comuns, pois elas podem ser ensinadas ou treinadas com a ajuda de um instrutor, e um olho educado é um olho comum (ou então não poderia ser educado, para começar). Em todas essas formas, e em outras mais, o empirismo, *lato sensu*, é a maneira mais segura de fundamentar o componente objetivo da verdade e a exigência por evidências (quer sejam dos exteriores, dos interiores ou de ambos), e, portanto, esse *empirismo mais amplo* será um aspecto muito importante dos procedimentos de validade em todos os domínios.

Por outro lado, o empirismo, historicamente, tem recebido um significado muito restrito, não de experiência em geral mas de experiência sensorial apenas. A partir da importantíssima noção de que todo o conhecimento, em última análise, deve ser baseado na experiência, muitos empíricos clássicos reduziram-na à absurda idéia de que todo conhecimento deve ser reduzido a manchas coloridas, ou delas derivado. O mito do dado, o olhar plano do cérebro inanimado, a visão monológica, o pesadelo moderno: não é possível aceitar esse empirismo empobrecido.

O significado dual de "empirismo", muito amplo e ao mesmo tempo muito estreito, na verdade se reflete na extensa confusão sobre o próprio método científico e se este deve ser "empírico" ou não. Pois a força persistente da ciência, a razão pela qual ela pode mesmo colocar uma pessoa na Lua, é que ela sempre tenta, da melhor maneira possível, basear suas asserções em *evidências* e *experiências*. Mas a experiência sensorial é apenas uma entre muitos tipos diferentes mas igualmente legítimos de ciência, razão pela qual a matemática — vista apenas interiormente, com o olho da mente — ainda é considerada científica. Na verdade, em geral, ela é considerada extremamente científica!

Quando lidamos com a matemática, *percebemos interiormente*, com o olho da mente, toda uma série de eventos simbólicos e imaginativos. Estes não são "meras abstrações". Como qualquer matemático atestará, eles fazem parte de um fluxo incrivelmente rico de belas imagens, padrões, cenas e paisagens interiores, que seguem algo que por vezes parece um modelo quase divino que se desenrola refinadamente diante do olho da mente. Ainda mais surpreendente, muitos dos padrões do mundo exterior sensório-motor, desde o movimento dos planetas à velocidade dos objetos que caem, seguem com muita precisão esses desenhos matemáticos interiores. Eles não são meras abstrações, mas padrões profundos imbuídos no próprio Cosmo, que só podem contudo ser vistos com o olho interior da mente!

Essa *experiência* matemática interior é parte da base essencial do conhecimento matemático. Nós repassamos as equações "pela nossa cabeça" para ver *se elas fazem sentido*; não sentido sensorial, mas sentido mental, sentido lógico (seguindo algum tipo de lógica, desde a álgebra às *n* dimensões, nenhuma das quais pode ser vista com o olho da carne). Nas provas matemáticas, seguimos um *empirismo mental*, uma experiência mental, uma fenomenologia mental, e verificamos se os padrões se ligam corretamente. Depois *comparamos a nossa experiência interior com a de outras pessoas*, para saber se elas obtiveram o mesmo resultado. Se a maioria das pessoas qualificadas registra a mesma experiência interior, geralmente chamamos isso de "prova matemática" e a consideramos um caso de genuíno conhecimento.

Assim, uma *experiência* direta, interior e mental (ou empirismo, no sentido mais amplo) guiou cada um dos movimentos através do domínio matemático e esses passos experimentais interiores podem ser verificados, confirmados ou rejeitados, por aquelas pessoas que *fizeram a mesma experiência interior* (ou seja, fazer a prova por meio da mente).

Portanto, a confusão sobre se o "método científico" deve ser empírico, depende totalmente do que significa "empírico" para nós. Estamos pensando no amplo sentido (experiência em geral) ou no sentido restrito (experiência sensorial apenas, só por meio do olho da carne)? O meu ponto de vista é que *ciência não pode significar empirismo no sentido restrito*, pois isso excluiria a matemática, a lógica e a maioria dos instrumentos conceituais da própria ciência (para não falar na psicologia, na história, na antropologia e na sociologia).

Com tudo isso em mente, vejamos se podemos abstrair o essencial do método científico *no amplo sentido*, que estaria baseado no *empirismo também no sentido mais amplo*. Se pudermos fazer isso e depois demonstrar que esse método científico *lato sensu* é aplicável aos domínios interiores em geral (como já é o caso com a matemática e a lógica) teremos nos adiantado no caminho da legitimação dos próprios interiores, e ao mesmo tempo invalidado a objeção de número dois.

Então teríamos de fato uma ciência de experiência sensorial, uma ciência de experiência mental e uma ciência de experiência espiritual; uma ciência monológica, uma ciência dialógica e uma ciência translógica; uma ciência do olho da carne, uma ciência do olho da mente e uma ciência do olho da contemplação; com as tradicionais preocupações da religião juntando-se às convicções da ciência moderna.

As Três Linhas Válidas de Conhecimento

Começamos com o que parece ser a essência do método científico em geral. Tendo extraído esses ingredientes, temos a esperança de descobrir se eles são igualmente aplicáveis aos domínios interiores, fornecendo-nos assim uma metodologia que poderia legitimar os interiores com a mesma confiança que os exteriores. Além disso, esperamos que, oculta em algum lugar desses interiores recém-legitimados, a percepção de um Deus radiante esteja à nossa espera.

Eis aqui os aspectos que acredito sejam essenciais à inquirição científica, os quais costumo chamar de "três linhas válidas de conhecimento":

1. *Injunção instrumental*. Essa é uma verdadeira prática, um exemplar, um paradigma, uma experiência, uma ordem. Está sempre sob a forma: "Se quiser saber tal coisa, faça assim."
2. *Apreensão direta*. Essa é uma experiência imediata do domínio produzido pela injunção; ou seja, uma experiência ou apreensão direta de dados (mesmo que estes sejam mediados, no momento da experiência, são imediatamente apreendidos). William James apontou que um dos significados de "dado" é a experiência direta e imediata, e a ciência apóia todas as suas asserções concretas em tais dados.
3. *Confirmação (ou rejeição) comum*. Essa é uma verificação dos resultados — dos dados, das evidências — junto a outras pessoas que percorreram com sucesso os caminhos de injunções e apreensões.

Tomemos um de cada vez: para ver as luas de Júpiter, precisamos de um telescópio. Para compreender *Hamlet* precisamos aprender a ler. Para enxergar a verdade do teorema de Pitágoras, temos de conhecer geometria. Se desejarmos saber se uma célula possui um núcleo, temos de aprender a fazer secções histológicas, aprender a pigmentar células, aprender a usar um microscópio e depois olhar. Em outras palavras, todas essas normas de conhecimento possuem uma *injunção* como um de seus componentes significativos: "Se você quiser *saber* isso, precisa *fazer* assim."

Isso é obviamente verdade nas ciências sensórias, tal como biologia, mas também é verdade nas ciências mentais, como a matemática. Como apontou G. Spencer Brown, em seu famoso livro *Laws of Form*: "A forma primária de comunicação matemática não é a descrição mas a injunção. A esse respeito ela se compara com as formas práticas de arte como a culinária, na qual o sabor de um bolo, embora literalmente indescritível, pode ser transmitido a um leitor sob a forma de uma injunção chamada de 'receita'... Mesmo a ciência natural (sensório-empírica) parece depender de injunções. A iniciação profissional do homem de ciência consiste não tanto em ler os livros de textos adequados (embora isso também seja uma injunção), como em obedecer a injunções como: 'Olhe por este microscópio' (primeira linha). Mas não está fora de cogitação para os homens de ciência, depois de olhar pelo microscópio (e coletar os dados — segunda linha), descrever e discutir entre si aquilo que viram (terceira linha). Da mesma forma, é possível aos matemáticos, depois de haverem obedecido a uma série de injunções (como por exemplo: 'Imagine duas linhas paralelas que se encontram no infinito; desenhe o corte de um trapézio; tome o quadrado da hipotenusa'), descreverem e discutirem entre si aquilo que viram (com o olho da mente) e escrever livros de textos a respeito. Mas em todos os casos, a descrição *depende da obediência ao conjunto de injunções...*" (Grifos meus)

A linha injuntiva do conhecimento leva a uma *experiência, apreensão* ou *iluminação*, uma revelação direta dos dados ou referentes no espaço do mundo, oferecida pela injunção. Assim, se desejar saber se está chovendo lá fora, vá até a janela e olhe (injunção). Com esse olhar, ou experiência, há uma apreensão direta ("Estou vendo a chuva"). Esse é o dado imediato, a experiência direta, a apreensão intuitiva ou não-imediata da aparência do momento. Não importa se os próprios dados *imediatos* estejam realmente encaixados em cadeias de eventos *mediados* (tais como contextos culturalmente moldados), pois no momento da apreensão, mesmo os eventos mediados são experimentados imediatamente (ou então não haveria nenhuma experiência, apenas infinita mediação).

Dessa forma, uma injunção faz surgir ou revela uma iluminação, uma experiência ou dados, os quais são a base principal do conhecimento genuíno. Isso também implica que, se outros indivíduos competentes repetirem fielmente a injunção ou experiência ("Vá até a janela e olhe!"), terão mais ou menos a mesma experiência, os mesmos dados ("Sim, está chovendo lá fora!"). Em outras palavras, a iluminação ou apreensão então é *conferida* (confirmada ou rejeitada) por todos os que realizaram adequadamente a injunção e, conseqüentemente, chegaram aos dados.

É claro que a ciência em geral inclui a formulação de hipóteses e a análise dessas hipóteses diante de nova acumulação de dados, mas cada um desses passos também segue as mesmas três linhas. A hipótese é uma experiência mental usada para representar várias características intrínsecas de experiência sensorial, e ambas — o mapa mental e o território sensorial — são conferidas para verificação da validade seguindo-se as três linhas aplicadas ao seu próprio domínio. Dessa forma, o mapa é comparado com outros mapas, para fins de coerência, e com outros dados sensoriais para fins de correspondência. Cada um desses procedimentos de verificação segue as três linhas.

Evidências, Kuhn e Popper

Essas três linhas, acredito, são os ingredientes essenciais do método científico (e de todos os modos válidos de conhecimento em geral, como tentarei demonstrar). Tal conclusão é corroborada pelo fato de essa maneira de encarar o assunto incorporar a essência de cada uma das três principais escolas de filosofia da ciência atuais, ou seja, o empirismo, a de Thomas Kuhn e a de *sir* Karl Popper.

O poder do empirismo é a sua exigência de que todo conhecimento seja baseado em evidências experimentais, com o que concordo inteiramente. Mas, como vimos, não existe apenas a experiência sensorial, há também experiência mental e a experiência espiritual (dados ou experiências diretos, obtidos por meio do olho da carne, do olho da mente e do olho da contemplação). Assim, se usarmos o termo "experiência" em seu sentido próprio de apreensão direta, poderemos preencher a exigência dos empíricos de que *todo conhecimento genuíno seja baseado em experiências, dados e evidências*. Em outras palavras, os empíricos assinalam a importância da linha apreensiva ou *iluminativa* em todo conhecimento válido.

Mas as evidências e dados não estão simplesmente por aí, à disposição de qualquer um, esperando para serem percebidos. É aqui que Thomas Kuhn entra na história.

Como vimos, Kuhn revelou que a ciência normal atua principalmente por meio de *paradigmas* ou *exemplares*. Um paradigma não é apenas um conceito, é uma prática real, uma *injunção*, uma técnica, tomada como um exemplar, para gerar dados. E a opinião de Kuhn é que o genuíno conhecimento científico se apóia em paradigmas, exemplares ou injunções. Novas injunções revelam novos dados (novas experiências) e é por isso que Kuhn sustentava que a ciência é tanto *progressiva* quanto *cumulativa* e que isso mostra algumas rupturas ou descontinuidades (novas injunções trazem novos dados). Kuhn, em outras palavras, ressalta a importância da *linha injuntiva* na busca do conhecimento, isto é, que os dados não estão simplesmente à disposição, para serem vistos por quem quer que seja, mas são proporcionados por injunções válidas.

O conhecimento obtido por injunções válidas é, de fato, um conhecimento genuíno precisamente porque, ao contrário do que afirma o pós-modernismo extremo, os paradigmas revelam dados, eles não os inventam. (Os dados, propriamente, podem ter sido obtidos ou construídos, mas a descoberta em si não é apenas uma construção.) A validade desses dados é demonstrada pelo fato de que *dados incorretos podem ser rejeitados*, e é aqui que Popper entra em cena.

O raciocínio de *sir* Karl Popper ressalta a importância da possibilidade de adulteração, ou falsificação: o conhecimento genuíno deve estar aberto à contraprova, caso contrário será simplesmente um dogma disfarçado. Em outras palavras, Popper ressalta a importância da *linha de confirmação/rejeição* para todo conhecimento válido. E, como veremos, esse princípio da possibilidade de adulteração se aplica a *todos os domínios*, sensoriais, mentais e espirituais.

Esse raciocínio geral reconhece e incorpora os momentos de verdade em cada uma dessas importantes contribuições à busca pelo conhecimento (evidências, Kuhn e Popper), mas *sem a necessidade de reduzir essas verdades a manchas sensoriais*. O erro dos empíricos limitados é a sua incapacidade de perceber que, além da experiência sensorial, existem experiências mental e espiritual. O engano dos seguidores de Kuhn está em que não vêem que as injunções se aplicam a todas as formas de conhecimento válido, e não apenas à ciência sensório-motora. E o engano dos adeptos de Popper é a tentativa de restringir a possibilidade de adulteração aos dados sensoriais e assim tornar a "falsificação por dados sensoriais" o critério para o conhecimento mental e espiritual — e, portanto, implícita e ilegitimamente rejeitando essas modalidades logo de saída —, ao passo que dados errôneos são *realmente passíveis de adulteração* nesses domínios, mas apenas por dados posteriores *dos mesmos domínios*, e não por dados de domínios inferiores!

Por exemplo, uma interpretação ruim de *Hamlet* é passível de adulteração, não por dados sensoriais, mas por dados mentais posteriores, interpretações posteriores — não dados monológicos, mas sim dados dialógicos — gerados numa comunidade de intérpretes. *Hamlet* não é uma peça sobre a busca de um tesouro submerso no Pacífico. Essa é uma interpretação ruim, uma falsa interpretação, e essa possibilidade de adulteração pode ser facilmente demonstrada por qualquer comunidade de pesquisadores que completarem de forma adequada as duas primeiras linhas (ler a peça e apreender os seus vários significados).

Da forma como está colocado, o princípio da possibilidade de adulteração de Popper tem tido uma aplicação disseminada e pervertida: ele está implicitamente *restrito aos dados sensoriais*, o que, de forma insidiosa, *automaticamente elimina a condição de conhecimento genuíno de toda experiência mental e espiritual*. Essa restrição injustificada do princípio da possibilidade de adulteração pretende separar o conhecimento genuíno do dogmático, mas tudo o que consegue, dessa forma limitada, é um reducionismo silencioso mas deturpador.

Por outro lado, quando liberamos o princípio da possibilidade de adulteração de sua restrição aos dados sensoriais, e o deixamos livre para policiar também os dados dos domínios mental e espiritual, ele se torna um aspecto importante da procura do conhecimento em todos os domínios, sensorial, mental e espiritual. E, em cada um desses domínios, ele de fato nos ajuda a separar o verdadeiro do falso, aquilo que é demonstrável do que é dogmático.

Essas três linhas, então, serão os nossos guias no mundo delicado dos interiores profundos, da parte de dentro do Cosmo, dos dados do Divino. E lá, como fazem com os exteriores, elas nos ajudarão a separar o confiável do espúrio.

Ceder um Pouco

Se a ciência e a religião quiserem se integrar, cada uma terá de ceder pelo menos um pouco, sem, todavia, deformar-se a ponto de ficar irreconhecível. Pedimos à ciência que apenas se expandisse do empirismo restrito (experiência sensorial apenas) a um empirismo amplo (experiência direta, em geral), o que ela já faz, de qualquer forma, com suas próprias operações conceituais, desde a lógica até a matemática.

Mas a religião também precisa ceder um pouco. E, nesse caso, ela deve abrir suas reivindicações de verdade à verificação direta — ou rejeição — pela evidência experimental. A religião, como a ciência, terá de seguir as três linhas de todo o conhecimento válido e basear as suas asserções na experiência direta.

Neste capítulo, analisamos a "ciência verdadeira". No próximo, estudaremos a "religião verdadeira". E talvez descubramos que, da mesma forma que a ciência, que se expande, por sua própria vontade, de um empirismo restrito a um amplo, a religião pode, de certo modo, restringir o seu alcance de proclamações dogmáticas à experiência espiritual direta. Nesse movimento, com ambas as partes abrindo mão de um aspecto de sua bagagem tradicional que não tem mais utilidade, a ciência e a religião estariam rapidamente se aproximando de um apoio comum em dados experimentais que demonstram a existência, tanto de rochas quanto da matemática e do Espírito.

12
O Que É Religião?

"RELIGIÃO", É CLARO, TEM VÁRIOS SIGNIFICADOS, definições e funções. O termo tem sido aplicado a tudo que vai de crenças dogmáticas a experiências místicas, de mitologia a fundamentalismo, de ideais mantidos com firmeza a fé apaixonada. Ademais, os estudiosos tendem a separar o conteúdo da religião (como por exemplo, a crença nos anjos) da função da mesma (como por exemplo, manter a coesão social), para chegar à conclusão embaraçosa de que, mesmo que o conteúdo seja dúbio, a função pode ser benéfica. Examinaremos algumas dessas definições e funções propostas da religião à medida que prosseguirmos.

No meio tempo, é evidente que, ao me referir à autêntica espiritualidade, estarei excluindo os temas mitológicos e mitopoéticos — tais como o parto virgem, a ascensão do corpo, a abertura do mar Vermelho, o nascimento de Lao Tsé como um homem de novecentos anos, a Terra repousando sobre uma divina serpente indiana, a deusa como uma Gaia mítica — que formam a substância da grande maioria dos sistemas religiosos do mundo, quer tenham existido no mundo pré-moderno, quer ainda vigorem no mundo moderno.

Não quero dizer que tais crenças não sejam importantes ou que não tenham nenhuma utilidade. De fato, elas possuem uma função desenvolvimentista ou evolucionária muito importante. Mas, como veremos, com as irreversíveis diferenciações da modernidade, muitas dessas convicções e funções religiosas pré-modernas não têm mais legitimidade e não podem mais ser sustentadas na consciência moderna (exceto entre aqueles cujo desenvolvimento se mantém num nível pré-moderno).

O que eu quero dizer é que, quando se trata de uma moderna ciência da espiritualidade (uma ciência com experiência espiritual e dados diretos), esses temas mitológicos, e a própria mitologia, não serão mais uma parte essencial da espiritualidade autêntica. Será que não é muito drástico? E quantas religiões concordariam com isso?

Como vimos no capítulo anterior, se quisermos integrar ciência e religião, cada uma delas terá de ceder um pouco, mas, é importante notar, não tanto que as torne irreconhecíveis. Vimos que a ciência precisa reconhecer que o seu próprio método reside no empirismo no sentido amplo (experiência em geral), e não no restrito (experiência sensorial), e isso não seria muito difícil, pois praticamente todo o aparato conceitual da ciência (da lógica à matemática) *já é* empírico no amplo sentido.

Simplesmente pedimos à ciência que *forme uma imagem de si mesma mais acurada*: que abandone a concepção que tem de si mesma, que é estrita e imprecisa, e adote outra, mais ampla e acurada, já implicitamente aceita, inclusive pela maioria dos filósofos da ciência, como vimos: "O empirismo clássico é um mito."

Da mesma forma, temos de pedir à religião que aceite uma imagem mais autêntica de suas possibilidades. Principalmente depois das irreversíveis diferenciações da modernidade, a religião deve indagar seriamente qual o conteúdo cognitivo e a validade real de suas reivindicações? Moisés realmente dividiu o mar Vermelho? Jesus nasceu mesmo de uma virgem? A Terra repousa de fato sobre uma serpente divina? A criação foi feita em seis dias mesmo? Lao Tsé tinha realmente novecentos anos quando nasceu?

Se essas proclamações forem deixadas de lado sem alarde, o que sobra da religião que ela possa reivindicar para si mesma? E ela ainda seria reconhecível?

Mitologia e Poder

As asserções religiosas *mitológicas* são obviamente *dogmáticas*, o que significa que, quando tomadas literalmente como verdades, elas são afirmadas simplesmente, sem corroboração de qualquer evidência. Como tal, elas não passam no teste das três linhas de todo o conhecimento válido. Em certa época, essas crenças tinham importantes funções culturais, tal como manter a coesão social, pois elas formavam a base de uma visão de mundo intersubjetiva legítima (ou consensual). Mas, com as diferenciações e a crescente profundidade da dignidade da modernidade, uma revelação mais refinada do verdadeiro colocou em dúvida essas afirmações mitológicas.

Depois de cada desdobramento evolutivo, as verdades dos domínios mais elevados colocavam as verdades dos domínios inferiores num contexto muito diferente; um contexto que, pelo fato de transcender e incluir os secundários, também *preserva* e *nega*, ao mesmo tempo, várias características de seus predecessores. A modernidade *preservou* muitas das aspirações, dos ideais e dos valores expressos no melhor da mitologia (tais como retribuição e justiça), mas *negou* a maior parte de seu conteúdo literal (como por exemplo, a noção de que todos descendemos de Adão e Eva).

É por essa razão que discordo de muitos sociólogos modernos, que sustentam que a mitologia não tem nenhum valor cognitivo (ou seja, que seus valores são espúrios), mas que, não obstante, constitui-se num indispensável aglutinador social e numa força de coesão para diversas culturas. Essa posição é incoerente. Os seres humanos não podem viver apenas de falsidades cognitivas. A mitologia é verdadeira o suficiente em seu próprio espaço no mundo; só que a razão perspectiva é "mais verdadeira": mais desenvolvida, mais diferenciada e integrada e mais sofisticada em sua capacidade de revelar conhecimentos verificáveis.

Portanto, as verdades elevadas da racionalidade julgam as verdades menores da mitologia e esta, de modo geral, não sobrevive àqueles testes mais refinados. Moisés não dividiu o mar Vermelho e Jesus não nasceu de uma virgem biológica. Essas asserções, à luz de uma razão mais elevada, são realmente espúrias.

É claro que os pré-modernos revitalizadores da fé muitas vezes fazem uma leitura profundamente metafórica da mitologia (por exemplo, o parto virgem constitui-se, na verdade, em uma metáfora para a natureza pura e "imaculada" do nosso Eu Superior), afirmando que ela comunica e fornece verdades que são mais elevadas que a razão. Isso é uma duplicidade: em primeiro lugar, porque essa abordagem de fato usa a razão para explicar alguma verdade profunda para a qual a mitologia é supostamente superior; em segundo, porque ela então faz uma leitura da mitologia que os crentes do mito não podem aceitar. Para um verdadeiro crente, o parto virgem *não é* absolutamente uma metáfora, mas um fato concreto, literal e histórico (e que os revivalistas pré-modernos negam!). Esses revitalizadores da fé simplesmente usam os elevados poderes da razão para encontrar verdades mais profundas num símbolo mítico que dificilmente teria um tal significado para os crentes. Dessa forma, tentando elevar o mito acima da razão, o revivalista pré-moderno oculta dois enganos em cada declaração: a razão é destituída de sua verdadeira contribuição enquanto a mitologia recebe crédito por algo que ela não possui. Essa dupla mentira é oferecida à humanidade como uma fonte de transformação espiritual.

Mas o fato permanece: as formas concretas e literais de mitologia não podem resistir, como de fato não resistiram, aos testes da modernidade; essas reivindicações concretas são de fato um embuste. E, caso a religião deseje sobreviver no mundo moderno sob uma forma viável, *ela deverá dispor-se a se livrar de suas asseverações falsas*, da mesma forma que a ciência restrita se dispõe a eliminar seu imperialismo reducionista.

No fundo, o problema é que as abordagens míticas, mitológicas e mitopoéticas à espiritualidade envolvem vários tipos de formas *mentais* para tentar explicar os domínios *transmentais* e *espirituais*. E embora essas abordagens tenham sido apropriadas a determinadas fases específicas da era mítica pré-moderna, elas não atuam mais num nível coletivo ou mesmo individual. A mitologia não resiste às irreversíveis diferenciações da modernidade. Ela confunde o pré-racional com o transracional; ela promove modalidades éticas e cognitivas regressivas; ela foge de todo tipo de reivindicação de validade e evidências reais. E assim, evitando a verdade, ela detém apenas o poder como um de seus motivos primordiais.

Como a evidência invalida a mitologia, esta foge daquela. Portanto, a mitologia é, como o foi historicamente, uma fonte importante de opressão pessoal e social. É por esse motivo que o Iluminismo, segundo Habermas, sempre se considerou como uma *força contrária à mitologia*. O toque de clarim do Iluminismo pedia *evidências* e não mitos, pois estes, apesar do halo adorável que lhes fora atribuído pelos revivalistas pré-modernos, era, de fato, uma fonte de brutais hierarquias sociais, opressão de gêneros, escravidão em massa e torturas bárbaras. "Lembrem-se das crueldades!" era o brado de guerra do Iluminismo, exatamente por essa razão.

O Iluminismo, portanto, afirmava que as pessoas que utilizassem a mitologia teriam desígnios de poder ocultos (e alguns nem tão ocultos assim). Os que tentam brandir essas formas de mito, escondem-se das evidências, como é de se prever: *ao expor suas afirmações à evidência, estariam subtraindo o poder dessas asserções*, e assim tirando também o poder dos donos dessas reivindicações. Escondidos da verdade e instalados no poder, eles procuram envolver os outros na mesma escuridão, geralmente em nome do seu Deus ou Deusa. Não é por acaso que as guerras travadas, no todo ou em parte, em nome de alguma divindade mítica, aniquilaram, historicamente, mais seres humanos do que qualquer outra força intencional do planeta. O Iluminismo mostrou, e com razão, que as asserções religiosas que fogem à evidência não são a voz de Deus ou da Deusa, mas apenas de homens ou mulheres, que se levantam, em geral, com grandes armas e com egos ainda maiores. O poder, e não a verdade, é a força motriz que rege as reivindicações que se ocultam das evidências.

A Essência Contemplativa

A espiritualidade autêntica, pois, não pode mais ser mítica, imaginária, mitológica ou mitopoética: ela deve ser baseada em evidências contestáveis. Em outras palavras, ela deve consistir, no âmago, de uma série de experiências místicas, transcendentais, meditativas, contemplativas ou ióguicas diretas — de consciência *não sensorial* e *não mental*, mas sim transensorial, transmental, transpessoal e transcendental — dados apreendidos não apenas com o olho da carne ou com o olho da mente, mas com o olho da contemplação.

Em suma, a espiritualidade autêntica deve estar baseada na experiência sensorial direta, e isso tudo precisa estar rigorosamente sujeito às três linhas de todo o conhecimento válido: injunção, apreensão e confirmação/rejeição; ou exemplar, dados e possibilidade de contestação.

Com as diferenciações da modernidade, as religiões pré-modernas de todo tipo enfrentaram uma situação sem precedentes: exatamente porque a modernidade diferenciou as esferas de valores e deixou que elas prosseguissem livres e com a sua própria dignidade, essas esferas recém-liberadas rapidamente ultrapassaram, de muitas formas, tudo aquilo que as religiões pré-modernas podiam oferecer. Quando se tratava do mundo dos fatos sensoriais, as respostas dadas pelas religiões pré-modernas (como por exemplo, que o mundo foi criado em seis dias) agora enfrentavam a moderna ciência empírica, com a qual não podiam competir. Quando se chegou à esfera mental e suas operações, a religião se deparou com os modernos desenvolvimentos na matemática, na lógica, na filosofia crítica, na filologia e na hermenêutica (inclusive as *verdadeiras* fontes das narrativas bíblicas), e, mais uma vez, a religião pré-moderna não estava à altura das diferenciações da modernidade.

É apenas quando a religião põe em relevo o seu coração, sua alma e sua essência, ou seja, a experiência mística direta e a consciência transcendental, reveladas não pelo olho da carne (que pertence à ciência), nem pelo olho da mente (do âmbito da filosofia), mas pelo olho da contemplação, apenas assim a religião pode enfrentar a modernidade e oferecer algo de que esta precisa desesperadamente: uma injunção genuína, verificável e reproduzível, que possa dar origem ao domínio espiritual.

A religião no mundo moderno e pós-moderno deverá se fundamentar em seu poder exclusivo, ou seja, a contemplação, ou então servirá apenas para apoiar um nível pré-moderno, pré-diferenciado de desenvolvimento para seus próprios adeptos: não uma potência de crescimento e transformação, mas uma força regressiva, antiliberal e reacionária de engajamentos menores.

Mas a dúvida espinhosa permanece: pode a religião reconhecer a si mesma, caso isole, ou ponha de lado, temporariamente, sua bagagem mítica? Como resposta, sugiro que olhemos para o exemplo, não dos seguidores, mas dos próprios fundadores das grandes religiões.

O Verdadeiro e o Falso

A primeira coisa que notamos é que os fundadores das grandes tradições, quase sem exceção, passaram por *profundas experiências espirituais*. Suas revelações, suas experiências espirituais diretas *não* eram proclamações mitológicas sobre a separação das águas do mar Vermelho ou sobre como fazer os feijões crescerem, mas sim contatos diretos com o Divino (Espírito, Vazio, Divindade, o Absoluto). Em seu ponto mais alto, essas apreensões tratavam da união direta ou mesmo da identificação entre o indivíduo e o Espírito, uma união que não deve ser entendida como uma crença mental, mas vivida como uma experiência direta, o verdadeiro *summum bonum* da existência, *cuja realização direta* confere uma grande libertação, renascimento, metanóia ou iluminação da alma afortunada o bastante para submergir nessa união extraordinária, uma união que é a base, a meta, a fonte e a salvação do munto todo.

E o que cada um desses pioneiros espirituais deu aos seus discípulos *não foi* uma série de crenças mitológicas ou dogmáticas, mas uma série de práticas, injunções ou exemplares: "Façam isso em memória de mim." O "façam isso", vale dizer, as injunções, contém tipos específicos de orações contemplativas, longas instruções de yoga, práticas específicas de meditação e verdadeiros exemplares interiores: "Se você quer *conhecer* essa união divina, você precisa *fazer* isso."

Essas injunções reproduziam para os discípulos as experiências ou dados espirituais dos pioneiros evolutivos. No decorrer das subseqüentes experiências interiores (ao longo de décadas e às vezes até de séculos), essas injunções e dados se sofisticaram, com os métodos preliminares ou iniciais se refinando na direção de observações mais astutas. Eis alguns exemplos: o crescimento e a evolução do budismo *hinayana* para o budismo *mahayana*, que depois avançou para o magnífico *vajrayana*; o refinado crescimento do misticismo judaico para o hassidismo e a Cabala; os hindus florescendo dos primitivos vedas para o extraordinário Shankara até o insuperável Ramana Maharishi; os seis séculos de refinamento de Platão até Plotino.

Por outro lado, no momento em que alguma linhagem espiritual em particular interrompia esse processo exploratório e experimental — ou seja, o momento em que ela deixava de empregar todas as três linhas na busca espiritual — ela se petrificava em meros dogmas ou proclamações mitológicas, e se destituía da evidência e experiência direta ou do poder transformador. Aí então passava a servir apenas para consolar egos isolados em seus projetos de imortalidade, em vez de transcender o ego na grande libertação de um esplendor radiante e espiritual.

A conclusão parece óbvia: quando o olho da contemplação é abandonado, a religião fica só com o olho da mente, e é retalhada em postas pela filosofia moderna e pelo olho da carne, e é crucificada pela ciência moderna. Se a religião possui algo que seja *exclusivamente seu*, é a contemplação. Ademais, é o olho da contemplação, adequadamente empregado, que segue as três linhas do conhecimento válido. Assim, a grande, permanente e exclusiva força da religião é que, na sua essência, *ela é uma ciência de experiência espiritual* (usando "ciência" em amplo sentido como experiência direta, em qualquer domínio, que se submete às três linhas de injunção, dados e possibilidade de contestação).

Dessa forma, se a ciência pode abrir mão de seu empirismo restrito em favor de um empirismo mais amplo (o que ela *já faz*, de qualquer maneira), e se a religião pode abandonar suas reivindicações místicas espúrias em favor da autêntica experiência espiritual (o que seus fundadores, sem exceção, já faziam, de todo modo), então, subitamente, a ciência e a religião começam a se assemelhar mais a gêmeos fraternos do que a inimigos seculares.

Pois então torna-se evidente que a verdadeira batalha não é entre a ciência, que é "real", e a religião, que é "espúria", mas sim entre ciência e religião reais, por um lado, e ciência e religião espúrias, por outro. *Ambas*, ciência real e religião real, seguem as três linhas de acumulação de conhecimentos válidos, enquanto a ciência espúria (pseudociência) e a religião espúria (mítica e dogmática) falham lamentavelmente no teste. Portanto, ciência e religião reais são, na verdade, *aliadas* contra o que é espúrio, dogmático, contra aquilo que não pode ser verificável e não sujeito a adulteração em suas respectivas esferas.

Se quisermos uma genuína integração entre ciência e religião, terá de ser uma integração entre ciência real e religião real, e não entre ciência e religião espúrias. E isso quer dizer que cada um dos campos terá de desfazer-se de seus remanescentes estreitos e/ou dogmáticos e assim aceitar um autoconceito mais acurado, uma imagem mais precisa de seu próprio estado.

O Olho da Contemplação

Vimos que todas as formas válidas de conhecimento têm uma injunção, uma iluminação e uma confirmação: isso é verdadeiro quer olhemos para as luas de Júpiter, para o teorema de Pitágoras, para o significado do *Hamlet*, ou... para a existência do Espírito.

E, enquanto as luas de Júpiter podem ser descobertas pelo olho da carne e suas extensões (dados sensoriais), e o teorema de Pitágoras pode ser visto pelo olho da mente e suas apreensões interiores (dados mentais), a natureza do Espírito só pode ser revelada pelo *olho da contemplação* e seus referentes descobertos diretamente: experiências, apreensões e dados diretos do domínio espiritual.

Mas para ter acesso a qualquer uma dessas modalidades válidas de conhecimento, temos de nos *adequar* à injunção, temos de completar com êxito a linha injuntiva, temos de seguir o exemplar. Isso é verdade nas ciências físicas, mentais e espirituais. E, enquanto o exemplar nas ciências físicas pode ser um telescópio e nas ciências mentais uma interpretação lingüística, nas ciências espirituais o exemplar, a injunção, o paradigma, a prática, consistem na meditação ou na contemplação. Ele também possui suas injunções, suas iluminações e suas confirmações, todas elas reproduzíveis, verificáveis ou falsificáveis, e que, portanto, se constituem num modo perfeitamente válido de aquisição de conhecimento.

Mas, em todos os casos, temos de nos envolver na injunção. Temos de adotar a prática exemplar, e isso certamente também é verdadeiro para as ciências espirituais. Se não adotarmos a prática injuntiva, não teremos um paradigma genuíno, e, portanto, jamais teremos dados do domínio espiritual. No fundo, seremos iguais aos religiosos que se recusaram a seguir as injunções de Galileu e olhar através do telescópio.

Vejamos de perto o que significa essa injunção espiritual e por que ela pode de fato constituir-se numa ciência espiritual.

Como Treinar a Ciência Espiritual

O zen-budismo tem a fama de ser uma escola de disciplina espiritual de bom senso. Assim, ele serve como exemplo clássico de uma ciência de experiência espiritual. Os pontos seguintes podem ser aplicados também ao vedanta, à contemplação do cristianismo, ao taoísmo meditativo, ao neoconfucionismo ou à meditação sufi, para mencionar apenas alguns. Mas a "teimosia" do zen pode ser o caminho mais fácil para os cientistas que estão entrando pela primeira vez no barco da religião e ficam preocupados, imaginando para onde serão levados.

Uma típica história zen fala de um discípulo fazendo ao seu mestre uma pergunta profundamente perturbadora, como por exemplo, qual o significado da vida, ou por que estamos aqui, ou onde está o Buda, e assim por diante. O mestre, por sua vez, faz outra pergunta, que pode ser bem direta ("Quem é que está querendo saber?"), mas também pode ser absurda ("Como é o som de uma mão batendo palmas?"). De certa forma, todas são variações de: "Mostre-me a sua compreensão espiritual agora mesmo! Mostre-me a sua natureza de Buda, agora mesmo!"

É claro que o mestre zen rejeitará qualquer resposta intelectual. Um estudante esperto poderá responder: "Todos nós somos fios da Grande Teia da Vida." Essa resposta é a errada, pois é uma resposta *mental*, e não uma resposta diretamente transmental, transconceitual ou espiritual. Um discípulo mais adiantado poderá bocejar, pular ou bater no chão. Agora ele está chegando mais perto, pois a ação é direta e imediata, e não um tipo de tagarelice mental. Mas, em todo caso, o mestre zen quer ver evidências diretas da compreensão diretamente apreendida com o olho da contemplação, e não uma espécie de filosofia intelectual vista pelo olho da mente. Qualquer resposta intelectual será radicalmente rejeitada, não importa qual o conteúdo dela!

Em vez disso, o estudante, para adquirir conhecimento espiritual, deve tomar uma *injunção*, um paradigma, um exemplar, uma prática, que neste caso é o *zazen*, a meditação sentada. E, para encurtar a história, depois de cinco ou seis anos desse treinamento exemplar, o discípulo poderá começar a ter uma série de profundas revelações. E é meio difícil de acreditar que, ao longo dos anos, centenas de milhares de estudantes passariam por essa sucursal do inferno para terem como recompensa apenas um ataque epilético ou uma alucinação esquizofrênica.

Na verdade, isso corresponde a uma graduação em dados espirituais. E uma vez que esse treinamento injuntivo comece a dar frutos, uma série de iluminações ou apreensões, denominadas *kensho* ou *satori*, reluzirão na forma de consciência direta e imediata, e esses dados são então conferidos (confirmados ou rejeitados) pela comunidade daqueles que completaram as linhas injuntivas e iluminativas. Nesse ponto, a resposta à pergunta: "Qual é a natureza de Buda (ou Divindade, ou Espírito), ou onde ele se encontra?" se torna extremamente clara e precisa.

Quando o mestre zen pergunta onde está o Buda, damos a resposta direta e prontamente. E, caso essa resposta brote de uma revelação profunda e espontânea, o mestre a reconhecerá imediatamente. Ela não provém apenas de algumas coloridas manchas sensoriais, nem de símbolos ou mitos mentais, ou abstrações racionais, mas diretamente de um reconhecimento contemplativo que é tão simples e óbvio que os zen-budistas o comparam com um balde de água fria no rosto.

Mas o ponto é que a *resposta* correta e precisa à pergunta: "O Espírito existe?" seria: *satori*. A resposta tecnicamente correta é: "Tome a injunção, faça a experiência, colete os dados (as experiências) e confira-as com uma comunidade de pessoas similares e adequadas."

Não podemos *afirmar* mentalmente que a resposta seja diferente dessa, pois, se o fizermos, teremos meras palavras sem injunções, e elas seriam totalmente sem sentido. Como disse G. Spencer Brown, é como fazer um bolo: siga a receita (as injunções), faça o bolo, prove-o e sinta o sabor. Se alguém perguntar: "Qual o gosto do bolo?", podemos apenas dar a receita e sugerir que ele faça o bolo e prove por si mesmo.

O mesmo se dá com a existência do Espírito: não podemos dar, teórica, verbal, filosófica, racional ou mentalmente, uma resposta satisfatória, exceto dizendo: "Empenhe-se na *injunção*. Se quiser *saber* isso, *faça* assim." Com qualquer outro procedimento, estaríamos tentando usar o olho da mente para ver ou afirmar aquilo que só pode ser visto com o olho da contemplação. Dessa forma só teríamos metafísica, no pior sentido: afirmações sem evidências.

Portanto: pegue a injunção, ou paradigma de meditação; pratique e aprimore esse instrumento cognitivo até que a consciência aprenda a discernir o fenômeno incrivelmente sutil dos dados espirituais; confira as suas observações com a de outros que fizeram o mesmo, como os matemáticos comparam suas provas interiores com outros que completaram as injunções; depois confirme ou rejeite os resultados. E, na verificação desses dados transcendentais, a existência do Espírito se tornará radiante e clara; pelo menos tão clara quanto as pedras para o olho da carne e a geometria para o olho da mente.

A Prova da Existência de Deus

Vimos que a espiritualidade autêntica não é produto do olho da carne e de seu empirismo sensorial, nem do olho da mente e de seu empirismo racional, mas apenas, por fim, do olho da contemplação e de seu empirismo espiritual (experiência religiosa, iluminação espiritual ou *satori*, como queiram).

No Ocidente, depois de Kant e das diferenciações da modernidade, a religião (e a metafísica em geral) passou por maus bocados. Acredito que isso tenha se dado exatamente devido à tentativa de fazer com o olho da mente aquilo que só poderia ser feito com o olho da contemplação. Como a mente não é capaz de apresentar feitos metafísicos, embora afirme que sim, alguém certamente exigiria evidências reais. Foi o que fez Kant, e a metafísica ruiu, como era de se esperar.

Nem o empirismo sensorial, nem a razão pura, nem a razão prática, nem qualquer combinação destes, pode penetrar no reino do Espírito. Nas ruínas deixadas por Kant, a única conclusão possível é que, no futuro, toda a metafísica e *espiritualidade autêntica* terão de proporcionar *evidências experimentais diretas*. E isso significa que, além da *experiência sensorial* e de seu empirismo (científico e pragmático), e da *experiência mental* e de seu racionalismo (puro e prático), devem existir também a *experiência espiritual* e seu misticismo (prática espiritual e seus dados experimentais).

A possibilidade da apreensão direta da experiência sensorial, mental e espiritual anula totalmente as objeções de Kant e coloca a busca pelo conhecimento no caminho da evidência, com cada uma das reivindicações da verdade sendo guiada pelas três linhas de todo conhecimento válido (injunção, apreensão, confirmação; ou exemplares, dados, possibilidade de adulteração), *aplicada em todos os níveis* (sensorial, mental, espiritual, ou através de toda a gama de consciência, qualquer que seja o número de níveis que queiramos invocar). Guiadas pelas três linhas, as asserções de verdade da ciência e da religião reais podem de fato ser resgatadas. Elas têm valor sonante, e esse valor é a evidência experimental, quer seja ela sensorial, mental ou espiritual.

De acordo com esse pensamento, a religião adquire sua própria garantia, que não é sensória, mítica ou mental, mas contemplativa no final. A grande e secreta mensagem dos místicos experimentais em todo o mundo é que, com o olho da contemplação, o Espírito pode ser visto. Com o olho da contemplação, Deus pode ser visto. Com o olho da contemplação, o grande Interior se desdobra radiantemente.

E, em todos os casos, o olho com o qual vemos Deus é o mesmo com o qual Deus nos vê: o olho da contemplação.

13

A Espantosa Exposição do Espírito

SE EXISTE DE FATO UMA CIÊNCIA ESPIRITUAL, o que ela revela? O que ela nos diz? SE essa existência pode ser verificada de fato realmente?

Ciência: Restrita e Ampla

Vimos que tanto "empirismo" quanto "ciência" têm um significado restrito e outro amplo (ou superficial e profundo, dependendo da metáfora que estivermos usando). O empirismo amplo é a experiência em geral (sensorial, mental e espiritual), enquanto que o empirismo restrito é uma experiência sensória apenas. A ciência em si, ou método científico, consiste em três linhas de conhecimento válido (exemplar, experiência, possibilidade de contestação). A ciência restrita limita o seu uso às três linhas da experiência sensorial (ela segue o empirismo restrito), enquanto que a ciência ampla aplica as três linhas a toda e qualquer experiência, evidência e dados diretos (seguindo o empirismo amplo).

A ciência empírica moderna rejeitava os interiores porque estes pareciam (erroneamente) obscuros ao método científico. Mas, como vimos, os próprios interiores são de fato acessíveis, não à ciência estreita, mas à ampla, pois os interiores do EU e do NÓS podem ser explorados, investigados, relatados, confirmados ou rejeitados experimentalmente, usando as três linhas de toda a acumulação de conhecimento válido, mas utilizando a ciência ampla ou profunda.

Assim, estaremos visando a uma ciência ampla em todos os quatro quadrantes, e não apenas a uma ciência restrita dos quadrantes do Lado Direito. Estaremos procurando uma ciência profunda que abranja não apenas os exteriores dos ELES, mas os interiores do EU e do NÓS. Estaremos buscando uma ciência profunda do eu, da auto-expressão e da estética; da moral, da ética, dos valores e significados, bem como dos objetos, ELES, processos e sistemas.

Dessa forma, as Três Grandes — arte, ciência objetiva e moral — podem ser reunidas sob o mesmo teto, usando a metodologia essencial do empirismo e ciência profundos (as três linhas de todo conhecimento válido). O EU e o NÓS finalmente são colocados em pé de igualdade com o ELE, NÃO reduzindo o EU e o

NÓS a ELES (quer entrelaçados, holísticos, do "novo paradigma" ou de outra forma), mas observando que todos os três, da melhor maneira possível, podem ser igualmente alcançados usando a mesma metodologia geral: ou seja, as três linhas da ciência ampla. Esta, ou seja, ciência ou empirismo profundos, pode de fato guiar a nossa busca em cada um dos domínios, sem necessidade de deformar um destes para torná-lo "compatível" com os demais. As três linhas da ciência profunda separam as formas válidas daquelas espúrias, em todos os quadrantes (ou simplesmente cada uma das Três Grandes), ajudando-nos a separar não apenas as proposições verdadeiras das falsas como também a auto-expressão autêntica da mentirosa, a beleza da degradação, e as aspirações morais do engano e da trapaça.

Esse movimento, *ao mesmo tempo* em que garante à ciência empírica sua exigência, que não é negociável, de que o método científico seja empregado para a acumulação da verdade, desobriga a ciência restrita de seu imperialismo, fazendo ver que o método científico pode ser aplicado com sucesso tanto ao empirismo amplo quanto ao restrito. Isso leva a ciência ampla aos domínios interiores da experiência direta mental e espiritual: a ciência superficial se abre à ciência profunda.

Com esse passo, a ciência, por um lado, satisfaz-se com que o seu método principal ainda seja a base epistemológica de toda a indagação (sem o que ela não aceitaria nenhuma proposta de integração) e, por outro, vê limitado o seu imperialismo pelo reconhecimento de que o próprio empirismo do ELE, que é o seu, pode coexistir com o amplo empirismo do EU e do NÓS, uma vez que todos são igualmente abarcados, confiantemente, pela ciência ampla.

Os quatro quadrantes, ou simplesmente as Três Grandes, podem assim ser reunidos e integrados sob os auspícios de uma ciência profunda, que é operativa tanto numa profunda experiência mística quanto na geologia, tão aplicável a aspirações morais quanto à biologia, tão confiável na hermenêutica quanto na física. Nenhum desses domínios precisa reduzir-se aos outros, mutilados para se enquadrarem em algum "novo paradigma", ou retorcidos irreconhecivelmente para "caberem" em algum esquema integrativo. Cada domínio, exatamente como é, mantém a sua própria dignidade, a sua própria lógica, a sua própria arquitetura, a sua própria forma, estrutura e conteúdo e, apesar disso, todos se ligam pelo fio da experiência e evidência diretas, um empirismo profundo que baseia todo o conhecimento em experiência e todas as asserções em possibilidade de verificação.

Uma Ampla Ciência em Cada Quadrante

A integração promete ser uma genuína unidade-na-diversidade. Os domínios são diferentes, de maneira importante, como devem ser, mas o acesso a eles segue um padrão similar de descobrimento e verificação ou rejeição, ou seja, as três linhas da ciência profunda. Essa unidade-na-diversidade é como o facho de uma lanterna investigando cavernas diversas: a luz é a mesma, mas a verdadeira forma de investigação tomará contornos diferentes em cada caverna. A mesma luz revelará territórios diferentes, como é de se esperar.

	INTERIORES	EXTERIORES
	• Interpretativa • Hermenêutica • Consciência	• Monológica • Empírica, positivista • Formal
INDIVIDUAL	Sigmund Freud C. G. Jung Jean Piaget Sri Aurobindo Plotino Gautama Buda	B. F. Skinner John Watson John Locke Empirismo Behaviorismo Física, biologia, neurologia, etc.
COLETIVO	Thomas Kuhn Wilhelm Dilthey Jean Gebser Max Weber Hans-Georg Gadamer	Teoria de sistemas Talcott Parsons Auguste Comte Karl Marx Gerhard Lenski

FIGURA 13-1 — CIÊNCIAS AMPLAS DOS QUATRO QUADRANTES

Assim, quando aplicamos as três linhas da ciência profunda ao quadrante Direito Superior, temos as ciências dos exteriores dos hólons individuais: a física, a química, a geologia, a biologia, a neurologia, a medicina, o behaviorismo e assim por diante. Relacionei-as na figura 13-1, juntamente com alguns pioneiros reconhecidos nesses campos.

Aplicando as três linhas de ciência profunda ao quadrante Direito Inferior, teremos as ciências dos exteriores dos hólons comunais: Ecologia, teoria dos sistemas, holismo exterior, sociologia, etc. Essas concepções "sociológicas exteriores" incluem seres humanos notáveis como Auguste Comte, Karl Marx, Talcott Parsons e Niklas Luhmann.

Uma ciência profunda do quadrante Esquerdo Superior nos dá o terreno, os dados e os contornos dos interiores dos hólons individuais. No domínio humano, isso inclui não apenas as estruturas mais formais que são reveladas interiormente ao olho da mente, como a lógica e a matemática, mas também os contornos mais pessoais mostrados pela psicologia introspectiva e pela psicologia profunda. Esse é também o domínio do eu e da auto-expressão, da arte, da estética e da fenomenologia da mente, em geral.

Além disso, como veremos adiante, com os estádios mais elevados do desenvolvimento interior, as experiências genuinamente espirituais ou místicas começam a se desenrolar e também estas podem ser investigadas e validadas pelas três linhas da ciência profunda aplicadas aos estádios avançados do quadrante Esquerdo Superior (não relacionei esses estádios mais elevados na Figura 5-1, pois aquele quadro cobre apenas a evolução média até esse ponto; ele não inclui a evolução mais avançada, que discutiremos em seguida). Entre os pioneiros nesse quadrante podemos incluir Sigmund Freud, C. G. Jung, Alfred Adler, Jean Piaget, São João da Cruz, Santa Tereza de Ávila, Ralph Waldo Emerson, Plotino, Shankara, Chih-I e Gautama Buda.

Uma ampla ciência do quadrante Esquerdo Inferior revela os interiores dos hólons comunais, os signos intersubjetivos, os valores, os significados culturais comuns e a visão de mundo de uma dada cultura. Diferentemente das ciências sociais da Direita Inferior, que tendem a se concentrar nos sistemas exteriores e nos dados monológicos de uma sociedade (taxa de nascimento, número de população, padrões de alimentação, forças de produção tecno-econômica, tipos de câmbio monetário, fluxogramas, curvas de gráficos, etc., tudo que pode ser descrito na linguagem do ELE), os estudos culturais focalizam os significados comuns e os valores intersubjetivos que agem como aglutinadores internos para os membros da sociedade (tudo que pode ser significativamente descrito na linguagem do NÓS e, portanto, deve ser estudado como um "observador participante").

Assim, as ciências do sistema social indagam: "O que isso faz?" ou "Como isso funciona?", enquanto que as ciências interpretativas e culturais perguntam: "O que isso significa?" Elas encaram uma cultura, não pelo lado de fora, numa postura objetivante e distanciada, mas pelo lado de dentro, pelo interior, numa posição de compreensão e reconhecimento mútuos. Ambas as formas de se encarar o problema são úteis e necessárias, uma investigando o hólon comunal pelo lado de fora (Lado Direito), a outra pelo lado de dentro (Lado Esquerdo). Entre os pioneiros da hermenêutica cultural estão Friederich Schleiermacher, Wilhelm Dilthey, Martin Heidegger, Jean Gebser, Hans-Georg Gadamer, Thomas Kuhn, Mary Douglas, Peter Berger e Charles Taylor.

Vemos que, embora as três linhas da ciência profunda (ou acumulação válida de conhecimento) guiem a nossa pesquisa em cada um dos quadrantes — e portanto nos demonstrem uma integridade metodológica capaz de integrar todos os quatro quadrantes (ou simplesmente as Três Grandes) — pelo fato de que cada um dos quadrantes possui contornos e tipos de dados muito diferentes, encontramos diferentes "tipos de verdade" em cada um dos quadrantes, e essas diferenças precisam ser reconhecidas e respeitadas. Elas constituem a parte "diversificada" da unidade-na-diversidade, e essa diversidade é tão importante quando a unidade.

Esses tipos diferentes de verdade igualmente importantes são apontadas como reivindicações de validade. Cada vez que a mesma ciência ampla se aplica a um quadrante diferente, ela gera um tipo diferente de verdade: verdade objetiva (comportamental), verdade subjetiva (intencional), verdade interobjetiva (sistemas sociais) e verdade intersubjetiva (justiça cultural). Um método, diversas verdades, cada uma igualmente confiável.

Os Domínios Espirituais

Mas, caso isso seja assim realmente, de que forma o Espírito se enquadra nesse esquema?

Como sugeri no capítulo anterior, já existem numerosas disciplinas espirituais que seguem cuidadosamente as três linhas de acumulação válida de conhecimento, disciplinas que são, pois, autênticas ciências espirituais (não exteriores mas interiores, que não seguem o empirismo estrito mas o empirismo profundo). Essas ciências espirituais incluem as tradições contemplativas e meditativas de uma humanidade coletiva, no Oriente e no Ocidente, no Norte e no Sul, tradições que têm coletado cuidadosamente, pelo menos há três mil anos, dados espirituais interiores, tradições essas que, numa profunda análise estrutural, revelam uma unanimidade surpreendente quanto à arquitetura básica dos estádios mais elevados, ou espirituais, do desenvolvimento humano.

Ademais, a moderna disciplina conhecida como psicologia e psiquiatria transpessoal assumiu como uma de suas tarefas a investigação científica desses estádios mais elevados do desenvolvimento humano e espiritual, descobrindo, ela também, uma similaridade espantosa nesses estádios mais elevados, num cruzamento entre indivíduos e entre culturas. (Caso haja interesse em prosseguir no estudo dessas descobertas, posso recomendar excelentes antologias transpessoais como *Paths Beyond Ego*, organizada por Roger Walsh e Frances Vaughan; *Textbook of Transpersonal Psychiatry and Psychology*, organizada por Bruce Scotton, Allan Chinen e John Battista; *What Really Matters — Searching for Wisdom in America*, por Tony Schwartz.)

O que a psicologia transpessoal descobriu, e o que as tradições contemplativas também revelam, é que, mais além dos estádios tipicamente ego-racionais do desenvolvimento ("formop" e "visão-lógica" na Figura 5-1) parece que existem pelo menos mais quatro estádios superiores no desenvolvimento da consciência.

Esses estádios mais elevados receberam diferentes denominações; aqui utilizarei os termos: psíquico, sutil, causal e não-dual. Cada um deles parece estar associado a um tipo bem diferente de experiência espiritual direta relacionado com: misticismo natural, misticismo divino, misticismo informe e misticismo não-dual. (Para uma discussão mais pormenorizada dessas descobertas, ver *Transformations of Consciousness* e *A Brief History of Everything*.)

Os nomes e as experiências não são importantes. O que importa é que os próprios domínios transpessoais parecem consistir pelo menos de quatro grandes estádios de desenvolvimento espiritual, com diferentes tipos de dados e experiências revelados em cada um desses estádios verificáveis.

O ponto é o seguinte: se, com relação ao quadrante Esquerdo Superior, tomarmos os estádios do desenvolvimento humano como foram delineados pela moderna psicologia desenvolvimental (resumidos na Figura 5-1, da sensação à visão-lógica), e se juntarmos os quatro estádios transpessoais mais elevados (de psíquico a não-dual), o resultado é exatamente a tradicional Grande Cadeia do Ser (como mostrada, por exemplo, na Tabela 2-1).

O Encontro entre o Pré-Moderno e o Moderno

Isto é fascinante: as ciências profundas do quadrante Esquerdo Superior (da moderna psicologia desenvolvimental às ciências contemplativas) convergem na tradicional Grande Cadeia do Ser exatamente como era revelado na essência das religiões pré-modernas. A esse respeito, a Grande Cadeia foi vingada pela ciência profunda.

Mas vejamos o que isso também significa: em cada uma das tradições de sabedoria, a Grande Cadeia do Ser cobria toda a realidade. Mas acabamos de ver que, à luz das diferenciações da modernidade (a diferenciação das Três Grandes, ou dos quatro quadrantes em geral), *a Grande Cadeia, exceto em seu nível inferior, na verdade cobre apenas o quadrante Esquerdo Superior.* Isso está longe de representar toda a realidade; de fato, corresponderia apenas a um quarto dela!

E é exatamente por isso que a tradicional Grande Cadeia não pôde sobreviver às diferenciações da modernidade. Pelo fato de a Grande Cadeia cobrir, na verdade, apenas "um quarto" de todo o Cosmo, ou seja, as dimensões interiores do individual, do pré-pessoal ao pessoal e transpessoal, ela não tinha idéia das espantosas descobertas dos outros três quadrantes, e assim não tinha como responder às mesmas. Essas descobertas incluem as surpreendentes revelações sobre o cérebro e a consciência (Direito Superior), ou como as visões culturais de mundo afetam as percepções do indivíduo (Esquerdo Inferior), ou como as condições sociais de uma cultura formam os valores de seu povo (Direito Inferior). Todos esses quadrantes ou foram amontoados como "matéria" (Direito Superior e Direito Inferior), ou então foram totalmente ignorados (Esquerdo Inferior), *precisamente porque, na visão pré-moderna, eles ainda não eram diferenciados.*

Assim, cada um desses quadrantes lançou uma série de ataques devastadores contra a Grande Cadeia, os quais, na sua maioria, eram corretos. As disciplinas modernas e diferenciadas da física, da química, da biologia, da lingüística, da hermenêutica, da teoria de sistemas, da filologia, da semiótica, da antropologia e da sociologia, atacou vingativamente as visões de mundo pré-modernas e pré-diferenciadas, e a Grande Cadeia e as visões de mundo espirituais associadas a elas jamais se recuperaram.

Igualmente ilustres, os teóricos da Grande Cadeia, na medida em que reconheciam os quadrantes do Lado Direito, colocaram tudo aquilo no degrau inferior da Grande Cadeia, ou seja, no nível material. Todos os níveis mais elevados (inclusive o corpo vital e a mente) situavam-se, assim, em posição "transcendente" em relação ao corpo material. Mas as diferenciações da modernidade revelaram que os domínios "materiais" não são tanto o degrau mais baixo na grande hierarquia, como são as formas exteriores de cada um dos degraus da hierarquia.

(Podemos comprovar isso facilmente na Figura 5-1. O Lado Direito, ou componentes materiais, não é o nível inferior da hierarquia, mas simplesmente os correlatos objetivos de cada um dos componentes do Lado Esquerdo. Ele não é mais baixo e mais alto, mas sim exterior e interior. O neocórtex material, por exemplo, não está no nível inferior; ele é a forma correlata e externa da consciência auto-reflexiva avançada e está intimamente entrelaçado com ela. O Lado Direito não é mais baixo que o Esquerdo: ele é o exterior e o interior de qualquer nível dado da existência. Com poucas exceções, os teóricos da Grande Cadeia não perceberam isso, de forma que a Grande Cadeia ficou sendo, principalmente, um problema relativo ao quadrante Esquerdo Superior, tão acuradamente quanto possível.)

Dessa forma, com as diferenciações da modernidade, vemos claramente que a Grande Cadeia tradicional ocupa, de fato, não toda a realidade, mas um quarto dela. Em outras palavras, *a Grande Cadeia agora se situa firmemente dentro das diferenciações da modernidade*, algo que jamais havia acontecido em qualquer cultura pré-moderna. A Grande Cadeia foi vingada, em seus contornos essenciais, mas se situa basicamente no quadrante Esquerdo Inferior, tomando o seu lugar entre os outros três — igualmente importantes — cada um dos quais traz consigo suas próprias verdades irredutíveis para contribuir com o quadro geral.

Mas é exatamente isso que propusemos no início deste livro, isto é, encontrar algum esquema que pudesse acomodar tanto as visões de mundo pré-modernas quanto as modernas, e assim integrar a religião com a ciência. Uma vez que o cerne da religião pré-moderna era a Grande Cadeia, e uma vez que a essência da modernidade era a diferenciação das esferas de valores (as Três Grandes, ou os quatro quadrantes); então, *para integrar religião e ciência, procuramos integrar a Grande Cadeia com os quatro quadrantes*. E foi isso mesmo o que fizemos.

Caso essa integração seja consistente, como acredito que seja, a Grande Cadeia do Ser pode tomar seu lugar de direito entre as diferenciações da modernidade. A grande quantidade de dados das tradicionais ciências espirituais pode, então, ser correlacionada e integrada com a igualmente maciça quantidade de dados das modernas ciências objetivas (tais como a biologia, a neurologia e a medicina), as ciências culturais (como a hermenêutica, a semiótica e a teoria política) e as ciências sociais (como a análise de sistemas, a ecologia e a sociologia).

Uma vez que esses quadrantes estejam relacionados entre si e mutuamente interdependentes, a própria Grande Cadeia não poderá existir sem elas. E é apenas reconhecendo, respeitando e incluindo todos os quatro quadrantes, que a ansiada integração entre a religião pré-moderna e a ciência moderna poderá, finalmente, tornar-se uma realidade.

Estamos prontos agora para analisar exatamente como essa extensa integração poderá ocorrer.

PARTE IV

O Caminho à Frente

14

A Grande Holarquia no Mundo Pós-Moderno

CONFORME VIMOS ATÉ AQUI, a Grande Cadeia do Ser — desde o corpo denso até a mente e da alma sutil até o espírito causal, com cada esfera crescente envolvendo seus inferiores — era o âmago essencial das grandes tradições mundiais da sabedoria. Nenhuma das grandes culturas da História deixou de fundamentar-se em alguma versão dessa Grande Holarquia.

Isto é, até ao nascimento do moderno Ocidente. Depois do Iluminismo, o Ocidente moderno tornou-se a primeira cultura significativa a negar radicalmente o Grande Ninho do Ser, ou, mais especificamente, a negar totalmente a sua esfera inferior, a matéria. Foi-se a mente, foi-se a alma, foi-se o espírito e, em seu lugar, surgiu um pesadelo interminável de superfícies monocromáticas, o universo desqualificado do holismo plano, o grande sistema sem significado de ELES dinamicamente entrelaçados. Bertrand Russell acertou quando afirmou que: "Sem enxergar o bem nem o mal, imprudente quanto à destruição, a matéria onipotente rola em seu caminho inexorável. Todas essas coisas, ainda que não estejam acima de disputas, são quase tão certas que *nenhuma filosofia que as rejeite tem qualquer oportunidade de se manter*". (Grifos meus)

Matéria, energia e informação — quer atomística ou de orientação sistemática, quer de processos estáticos ou dinâmicos, quer da termodinâmica clássica ou das teorias complexas da ordem-a-partir-do-caos — *tudo são ELES*, e essa epidemia de ELES (sem lugar para o EU ou para o NÓS em seus próprios termos) foi a marca final da modernidade oficial, a estranha e distorcida herança do Iluminismo Ocidental. Assim, para não dizer coisa pior, a tentativa de integrar a religião pré-moderna com a ciência moderna foi bastante assustadora, uma vez que o materialismo científico parece completamente intransigente, e "nenhuma filosofia que as rejeite tem qualquer possibilidade de se manter".

Assim, em virtualmente todas as tentativas atuais de integrar ciência e espiritualidade, tornou-se rotina afirmar que o crescimento da ciência moderna contribuiu diretamente para o "desencanto do mundo", ou talvez até mesmo o tenha causado. A visão comum e disseminada é que o Ocidente moderno, com sua ciência moderna, num passo importante, rejeitou totalmente a alma e o Espírito, o Deus e a Deusa, a natureza sagrada e a alma imortal, deixando-nos o deserto moderno.

A asserção de que a própria modernidade rejeitou o espiritual em uma jogada totalmente negativa agora domina a maioria dos discursos nessa área. Eis uma afirmação típica: "A dessacralização ou desvalorização da natureza, que se iniciou com a revolução científica, completou-se com o que chamamos de Iluminismo." Essa declaração também foi feita pelos ecologistas profundos, neopagãos, ecofeministas, feministas radicais, "wiccans", neo-astrólogos, teósofos, retrorromânticos e virtualmente todos os teóricos do "novo paradigma".

Vimos, todavia, que a rejeição do espiritual, por parte da modernidade, ocorreu não em apenas um mas em dois movimentos bem diferentes, um dos quais muito positivo e outro muito negativo. Examinando esses passos, distinguimos a dignidade do desastre da modernidade, e essa foi a primeira base real para a almejada integração.

Pois, como vimos, o crescimento da modernidade no Ocidente foi marcado principalmente pela diferenciação das esferas culturais de valores (da arte, moral e ciência), as quais, nas culturas pré-modernas em geral estavam fundidas, não diferenciadas ou não dissociadas, de forma que a violência ou opressão de uma esfera contaminava as demais. Mas com o surgimento da modernidade e a diferenciação das esferas, podíamos olhar pelo telescópio de Galileu sem sermos queimados numa estaca, como também pintar a natureza sem uma imagem de um Deus patriarcal, se assim o desejássemos.

Mas, depois de um século, mais ou menos, essa diferenciação das esferas, que era a duradoura dignidade da modernidade, começou a resvalar para uma dramática dissociação, a qual foi o terrível desastre da modernidade. As Três Grandes (arte, moral e ciência) se dilaceraram e fragmentaram, e essa *alienação* epidêmica começou a invadir e corromper todos os cantos da própria modernidade.

Mais importante ainda, a ciência sensório-empírica e de sistemas, juntamente com a industrialização, *uma vez que ambas eram empreendimentos agressivos do ELE*, começaram a atacar e a dominar as outras esferas. A colonização e a mercantilização do EU e do NÓS pelo ELE incontrolável definiu o desastre da modernidade. Os domínios interiores — consciência, alma, espírito, mente, valores, virtudes, significado — foram totalmente reduzidos a pó, a processos do ELE. E assim, nesse conto de fadas às avessas, o moderno Ocidente tornou-se a primeira grande cultura, em toda a História, a negar a Grande Holarquia do Ser e colocar no seu lugar a matéria onipotente, ELES atomísticos, sistêmicos ou informacionais, o reino da superfície interminável.

Pelo fato de sabermos agora que essa negação histórica ocorreu não em um mas em dois passos, sabemos o que deve ser preservado da modernidade (*e portanto integrado*) e o que deve ser descartado. O que deve ser integrado não são as dissociações mas as diferenciações da modernidade, pois elas não apenas definem a dignidade da modernidade, como também são uma parte irreversível do processo evolutivo da diferenciação-e-integração. A modernidade *já* nos deu essas diferenciações irreversíveis; mesmo que quiséssemos, não poderíamos desfazê-las. O que é necessário agora é a sua *integração*, ou o envolvimento de todas as três esferas de valores (ou todos os quadrantes) num abraço mais amplo. Não é necessário tentar integrar a espiritualidade com o Cosmo derrubado ou com o desastre da modernidade; é preciso apenas integrar a espiritualidade com o Cosmo diferenciado ou com a dignidade da modernidade.

Assim, precisamente porque a essência das religiões pré-modernas foi a diferenciação das esferas de valores (os quatro quadrantes, ou simplesmente as Três Grandes), para integrar a ciência moderna com a religião pré-moderna será necessário *integrar a Grande Cadeia com os quatro quadrantes*.

Foi exatamente o que fizemos no capítulo anterior. Eis aqui algumas implicações daquilo que encontramos.

Nível e Dimensão

Usando as três linhas de todo o conhecimento válido (paradigma, experiência, possibilidade de contestação), foi possível sugerir uma forma de integrar os quadrantes com a tradicional Grande Holarquia do Ser. Fazendo isso, descobrimos que cada nível da Grande Cadeia tradicional não é um plano único, uniforme e monolítico, como se pensava, mas sim que *cada nível da Grande Cadeia consiste, de fato, de pelo menos quatro dimensões, ou quatro quadrantes*. Cada nível possui uma dimensão subjetiva, objetiva, intersubjetiva e interobjetiva: intencional (Esquerdo Superior), comportamental (Direito Superior), cultural (Esquerdo Inferior) e social (Direito Inferior).

As palavras "nível" e "dimensão" foram escolhidas deliberadamente. Num edifício de cinco andares, cada um dos pisos é um nível, sendo que alguns são mais altos ou mais baixos que outros. Mas a largura e o comprimento de cada um dos andares são as suas dimensões; nenhum comprimento ou largura são melhores do que os outros, e ambas as dimensões estão presentes por igual e têm a mesma importância; não podemos ter uma sem a outra.

Assim, se imaginarmos a Grande Cadeia como corpo, mente, alma e espírito, então *cada um desses níveis* tem uma dimensão intencional, comportamental, cultural e social. Podemos observar muitos deles na Figura 5-1, que cobre a evolução até os níveis mentais. À medida que prosseguirmos, darei alguns exemplos dos níveis mais elevados.

Portanto, uma das escalas envolve os níveis verticais (a Grande Cadeia tradicional), e a outra envolve as dimensões horizontais presentes em cada um dos níveis (os quatro quadrantes). Ao integrar essas duas escalas, estaremos olhando para os quatro quadrantes (ou simplesmente as Três Grandes) em cada um dos níveis da tradicional Grande Holarquia do Ser (mas *apenas* na medida em que os próprios níveis passarem no teste da ciência profunda; não somos obrigados a integrar qualquer "nível" que não passe nesse exame, pois não teremos garantias de que eles sejam verdadeiros, e não estamos interessados em integrar dogmas).

Dessa forma, se continuarmos usando a versão simples da Grande Cadeia — corpo, mente, alma e espírito — e se, para nossa conveniência, resumirmos os quatro quadrantes às Três Grandes (arte, moral e ciência), teremos quatro níveis com três dimensões cada um: arte, moral e ciência do reino sensorial; arte, moral e ciência do reino mental; arte, moral e ciência do reino da alma; e arte, moral e ciência do reino do espírito.

Só falta dar alguns exemplos concretos de cada um desses doze domínios. Darei alguns pormenores específicos. Você poderá concordar com alguns e não concordar com outros; só peço que tome isso como uma série de exemplos de como devemos prosseguir nesse empreendimento multidimensional. Se desejar usar outros pormenores, bem diferentes, está bem. Não deixe que os meus pormenores particulares se desviem do procedimento geral. Ao mesmo tempo, farei deliberadamente com que esses exemplos sejam breves e esquemáticos, para não atulhar o leitor com a minha visão dos acontecimentos.

Níveis de Arte

Os quatro níveis que estamos usando, nessa versão simplificada, são o sensório-motor, o mental, a alma sutil e o espírito causal. Cada nível, como sempre, transcende e inclui os seus predecessores, de maneira que nada há de mutuamente excludente em nenhum desses níveis. O que ocorre é que cada nível mais elevado possui qualidades emergentes que não são encontradas nos seus inferiores, e a arte de cada nível muitas vezes assume essas características novas, emergentes e definidoras como tópico para a apreciação estética, *e portanto dando a cada nível de arte uma marca bem distintiva* (o mesmo vale para os níveis da moral e da ciência, como veremos). Usarei as artes visuais, mas quaisquer outras serviriam.

A *arte do mundo sensório-motor* tira o seu conteúdo, ou referente, do próprio mundo sensório-motor, percebido pelo olho da carne, desde impressões realísticas a paisagens e retratos. Essa é uma arte "objetiva" ou representacional, e quer os objetos de arte sejam cestos de frutas, paisagens, cidades industriais, nus, trilhos de trens, montanhas ou rios, todos são objetos sensório-motores. Exemplos típicos são os realistas, os impressionistas e toda a tradição do naturalismo.

A *arte do domínio mental* busca os seus referentes no conteúdo real da própria psique, percebido interiormente com o olho da mente. Os surrealistas são a expressão mais óbvia, mas a arte conceitual, a arte abstrata e o expressionismo abstrato também são exemplos típicos. Marcel Duchamp resumiu o conceito geral: "Eu queria me afastar do aspecto físico da pintura. Estava muito mais interessado em recriar idéias na pintura. Queria colocar novamente a pintura a serviço da mente" e não simplesmente ao olho da carne.

Mas isso não é mera "abstração mental", no sentido mais simples. O empirismo interior do olho da mente, desde a matemática até a arte mental, é, na verdade, a experiência em suas texturas mais profundas, ricas e intensas. Constantin Brancusi dizia: "São imbecis aqueles que chamam o meu trabalho de abstrato; aquilo que eles denominam abstrato é muito realista, pois o que é real não é a forma exterior, mas a idéia, a essência das coisas." A arte mental tenta dar expressão visual a apenas algumas dessas idéias e essências.

A *arte do nível sutil* toma como seus conteúdos ou referentes as várias iluminações, visões e formas arquetípicas percebidas interior e diretamente com o início do olho da contemplação (ou percepção transpessoal, sob qualquer nome). Essa é, pode-se dizer, a *arte da alma*, como declarou Frantisek Kupka: "Sim, essa pintura significa vestir os processos da alma humana com formas plásticas."

Isso quer dizer, é claro, que os próprios artistas devem ter evoluído ou se desenvolvido para o domínio sutil, como sabia Wassily Kandinsky: "Só com um desenvolvimento superior o círculo de experiência de diferentes seres e objetos se amplia. A construção numa base puramente espiritual é um negócio lento. O artista precisa treinar não apenas a mente mas *também a alma.*" (Grifos meus)

Nas tradições orientais, uma das principais funções dessa arte da alma é servir de apoio à contemplação. Na extraordinária tradição da pintura tibetana *thangka*, por exemplo, os budas e *bodisatvas* retratados não são simbólicos metafóricos ou alegóricos, mas sim representações diretas dos potenciais do nível sutil da própria pessoa. Ao imaginar essas formas sutis na meditação, ela se abre a esses potenciais correspondentes em seu próprio ser.

O ponto é que a arte da alma, ou qualquer uma de suas variedades, não é metafórica ou alegórica: *ela é um retrato direto da experiência direta do nível sutil.* Não é uma pintura de objetos sensoriais vistos com o olho da carne, nem é uma pintura de objetos conceituais vistos com o olho da mente; é uma pintura de objetos sutis vistos pelo olho da contemplação.

Isso significa que tanto o artista quanto o crítico e o observador precisam estar sensíveis a esses domínios mais elevados para participar dessa arte. Brancusi nos lembra disso: "Olhem para os meus trabalhos até que os vejam. Aqueles que estão mais perto de Deus já os viram." Como disse Kandinsky, o objetivo é "proclamar o reino do Espírito. É proclamar a luz da luz, a luz flutuante da Divindade", tudo isso visto não com o olho da carne ou com o olho da mente, mas com o olho da contemplação, e depois transformado em matéria artística como lembrança e como um chamado para aquela visão extraordinária.

À medida que o olho da contemplação se aprofunda e a consciência evolui do sutil ao causal (e não-dual), as formas sutis dão lugar ao informe (como, por exemplo, *nirvikalpa, ayin, nirodh*), e eventualmente ao não-dual (*sahaja*), dos quais tratarei, juntos, como o domínio do puro Espírito. A arte desse domínio não toma nenhum referente em particular, pois não se destina a nenhum reino. Ela pode, portanto, *pegar seus referentes em qualquer um ou em todos os níveis*, desde o nível sensório-motor e corporal (como em uma paisagem zen) até os níveis sutis e causais (como nos *thangkas* tibetanos). O que caracteriza essa arte não é o seu conteúdo, mas a completa ausência da autocontração no artista que a pinta, ausência essa que, na maior forma dessa arte, pode evocar, pelo menos temporariamente, uma liberdade similar no observador (que foi a profunda percepção de Schopenhauer sobre o poder da arte: ela traz a transcendência).

Mas tudo o que temos de notar é que a dimensão estético-expressiva, a dimensão de intencionalidade subjetiva e interior dos indivíduos, pode expressar e representa cada um dos níveis da Grande Cadeia, desde o denso até o sutil, do causal até o não-dual, dependendo do nível para o qual os próprios artistas estejam sensíveis.

A arte, portanto, é uma das importantes dimensões de cada nível na Grande Holarquia do Ser. A Arte é a Beleza do Espírito quando esta se expressa em cada nível de sua própria manifestação. A Arte está no olho do observador, no EU do observador: A Arte é o Eu do Espírito.

Níveis de Moral

Os psicólogos desenvolvimentistas mapearam os grandes estádios do desenvolvimento moral, em homens e mulheres, e, embora haja algumas variações consideráveis quanto aos pormenores, existe um consenso geral de que o desenvolvimento moral passa por estádios que vão do *pré-convencional* (sensório-motor, hedonista, egocêntrico, mágico-impulsivo) e *convencional* (conformista, sociocêntrico, de associação mística) ao *pós-convencional* (centrado no mundo, racional-centáurico, universal). Encontramos alguns deles na Figura 5-1. Carol Gilligan sugeriu que os homens progridem através dessa hierarquia com ênfase na justiça e nos direitos, enquanto que as mulheres tendem a se desenvolver na mesma hierarquia com ênfase no relacionamento e na solicitude (Gilligan denomina os estádios femininos da hierarquia como egoísta, de solicitude e de solicitude universal, que são os estádios pré-convencional, convencional e pós-convencional).

Nenhuma dessas estruturas morais pode ser vista exteriormente, é claro, pois elas são estruturas interiores, mas de qualquer forma estruturas que governam o comportamento de um indivíduo no mundo sensório-empírico. Elas são, podemos dizer, tão reais quanto a lógica e a lingüística ou qualquer outro domínio interior, e podem ser estudadas (e confirmadas) por uma *ciência profunda do mundo intersubjetivo*, que é exatamente o que fizeram Piaget, Kohlberg e Gilligan, para citar apenas alguns.

Kohlberg e Gilligan, como também, de fato, um número crescente de grandes teóricos morais, sugeriram que existe um estádio ainda mais alto do desenvolvimento moral, que Kohlberg denominou de "espiritual universal". Pesquisadores transpessoais, baseados num conjunto de evidências sempre maior, coletadas por uma profunda ciência do interior, afirmam que aquilo que Kohlberg chamou de "um" estádio espiritual, tem pelo menos três ou quatro subdivisões (como vimos). A esse respeito, as evidências apontam para pelo menos dois estádios superiores de desenvolvimento moral, aos quais chamarei simplesmente de alma sutil (santo ou *bodisatva*) e espírito causal (sábio ou *siddha*).

A moral do nível da alma sutil, o nível do bodisatva, envolve tipicamente o profundo anelo de conquistar a iluminação para todos os seres sensíveis (literalmente). Essa extraordinária aspiração, que brota espontaneamente do íntimo da alma, baseia-se na percepção crescente de que todos os seres sensíveis são manifestações do Divino e, portanto, devem ser tratados como demonstrações do nosso próprio Ser e Eu mais profundos.

A moral do nível do espírito causal, o nível do sábio, envolve a aspiração paradoxal de libertar todos os seres sensíveis, por compreender que todos os seres já são eternamente livres. A percepção direta da natureza radicalmente autoliberada de todas as manifestações está por trás de algumas das mais sublimes, e paradoxais, das ciências espirituais, e se mantém como o testamento autoconfirmatório da natureza eternamente livre do Espírito.

O que tudo isso significa para nós é que existem níveis de desenvolvimento moral, os quais parecem se estender através da Grande Cadeia desde o corpo (hedonista e pré-convencional) até a mente (convencional e pós-convencional), ao sutil (santo) e ao causal (da sabedoria).

Em outras palavras, a moralidade é uma das importantes dimensões de cada nível da Grande Holarquia do Ser. A Moral é a forma intersubjetiva do Espírito, do Bem do Espírito, na medida em que se expressa em todos os níveis de sua própria manifestação. A Moral é o Nós do Espírito.

O Novo Papel da Ciência

Por níveis de ciência compreendo os níveis da ciência objetiva, exterior, sensório-empírica. Neste ponto, não estamos falando da ciência ampla ou profunda (as três linhas de todo o conhecimento válido, onde quer que estejam sendo aplicadas, no interior ou no exterior). Falamos sobre a tradicional ciência empírica. Pois o ponto crucial é que a ciência sensório-empírica, embora não possa enxergar os domínios superiores e interiores em seus próprios termos, pode, não obstante, registrar seus correlatos empíricos. A questão sobre as diferenciações da modernidade é que todos os acontecimentos interiores possuem correlatos exteriores (todos os hólons têm uma dimensão do Lado Esquerdo e uma do Lado Direito), e isso muda *dramaticamente* o papel da própria ciência sensório-empírica.

Pois a ciência empírica objetiva não está mais relegada ao degrau inferior da hierarquia (o qual lhe era atribuído pela abordagem tradicional e ainda o é pelo pluralismo contemporâneo epistemológico); pelo contrário, a ciência empírica tem tido acesso *também* aos modos *exteriores* de *todos os níveis mais elevados*. Isso leva a ciência empírica do degrau inferior da Grande Cadeia para o lado exterior de cada nível da mesma Grande Cadeia (como se pode ver na Figura 5-1). Portanto, a ciência empírica objetiva não nos dá toda a história, mas por outro lado não deixa de ter algo para dizer sobre os domínios superiores, o que se constitui na postura insustentável do pluralismo epistemológico, tanto tradicional quanto contemporâneo (e no erro opressivo que contribuiu para o colapso da Grande Cadeia).

Ademais, isso nos permite "embasar" ou "personificar" as reivindicações metafísicas ou transcendentais, proporcionando uma união completa do transcendental e do empírico, daquilo que pertence ao outro mundo àquilo que pertence a este. Pois os próprios níveis superiores não estão *acima* do natural, ou empírico, ou objetivo, eles estão *dentro* do natural, do empírico e do objetivo. Não acima, mas ao lado. O Espírito não se eleva fisicamente acima da natureza (ou do mundo do Lado Direito); o Espírito é o interior da natureza, o lado de dentro do Cosmo. Não olhamos para cima, olhamos para dentro.

A união do Esquerdo com o Direito, do interior com o exterior, é um tipo de naturalismo transcendental ou transcendentalismo naturalista; a união do outro mundo com este, ascensão e descida, espiritual e natural, é uma união que acredito possa evitar as insuperáveis dificuldades de cada uma das posições tomada isoladamente.

Vimos que uma forma de resumir a visão de mundo pré-moderna é que esta ressaltava os domínios interiores (a própria Grande Cadeia é totalmente interior e transcendental, com exceção de seu nível mais baixo), e que uma maneira de resumir a visão de mundo moderna é que ela é principalmente exterior (de orientação naturalista e do Lado Direito). Assim, um tipo de naturalismo transcendental unindo Esquerdo e Direito, interior e exterior, transcendental e empírico, é apenas outra forma de resumir o casamento entre o melhor da sabedoria pré-moderna e o do conhecimento moderno.

Níveis de Ciência

Depois desse prólogo, podemos examinar os verdadeiros níveis da ciência sensorial-empírica. É claro que, em certo sentido, não existem níveis da ciência sensório-empírica: ela simplesmente registra os fatos do mundo sensório-motor, e ponto final. Isso é verdade, mas esses "fatos sensório-motores" são os exteriores dos interiores, os quais, em si mesmos, são graduados em valor, significado, moral e arte, e a ciência empírica está perfeitamente planejada para reconhecer os correlatos exteriores desses interiores.

Eis aqui um exemplo simples: em 1970, R. K. Wallace publicou *Physiological Effects of Transcendental Meditation* na prestigiosa revista *Science*. A pesquisa de Wallace, bem como outras subseqüentes, demonstrou que pessoas em estados meditativos mostram mudanças bem reais, e por vezes muito dramáticas, em sua fisiologia corporal, incluindo tudo, desde a composição química do sangue até os padrões das ondas cerebrais. Com base nesses dados, que podem ser reproduzidos, Wallace concluiu que o estado meditativo é um "quarto estado de consciência", tão real quanto a vigília, o sonho e os estados de sono profundo (porque, por exemplo, esses quatro estados têm padrões cerebrais exclusivos, revelados num eletroencefalograma).

Essa pesquisa sem dúvida contribuiu mais para legitimar o estado meditativo (pelo menos para o pensamento ocidental), do que todos os Upanishades juntos. Pois ela demonstrou que, o que quer que seja a meditação, não é uma mera fantasia subjetiva, um devaneio ineficaz ou um transe inerte. Ela produz mudanças dramáticas e reproduzíveis em todo o organismo e, ainda mais significativo, nos padrões elétricos do próprio cérebro, sede provável da consciência.

Surge então a pergunta: "Mas qual o significado real desse quarto estado? O que ele nos revela?" E a única resposta possível é: "Entre nesse estado e descubra você mesmo." Pois o consenso quase universal daqueles que já o fizeram é o de que esse estado começa a revelar o Divino.

"Ah", replica o cientista empírico, "o eletroencefalograma não mostra que as pessoas que meditam estejam vendo o Espírito, o Divino ou algum tipo de estado genuinamente místico. Tudo que o eletroencefalograma revelou foi que existem diferenças empíricas nas ondas cerebrais no estado meditativo. Não temos o direito de concluir que esse estado seja uma realidade divina, ou uma realidade superior, ou que seja, de alguma forma, mais real do que os outros estados."

Certo, mas essa afirmação é verdadeira para todos os estados do eletroencefalograma. Quando estamos no estado de sonho, talvez sonhando com um unicórnio, o eletroencefalograma registra um padrão determinado. Quando acordamos, o eletroencefalograma registra um padrão diferente. Subjetivamente, percebemos que o unicórnio do estado de sonho não existe de fato, e podemos dizer que o estado de vigília é real e que o sonho não era real. *Mas o eletroencefalograma registra cada um deles de forma igualmente real*. A máquina *objetiva* não pode opinar sobre realidades subjetivas, apenas sobre os correlatos empíricos ou exteriores dessas realidades.

Em outras palavras, a máquina empírica nos dá os aspectos *quantitativos* (Lado Direito), mas não os *qualitativos* (Lado Esquerdo) desses diferentes estados. E nada na máquina diz, nem poderia dizer, que um estado é mais real, mais valioso ou mais significativo do que outro; ela só pode afirmar que um é diferente do outro. Ela não pode dizer que a compaixão é melhor do que o assassinato, ou que a honestidade é melhor do que o logro, ou que a tolerância é melhor do que o preconceito, ou que a solicitude é melhor do que a negligência, apenas que eles são diferentes. A máquina pode registrar apenas as alterações de tamanho, magnitude e quantidade — todos insignificantes em si mesmos — enquanto as diferenças qualitativas *só* podem ser vistas pelo olho interior da mente ou o olho interior da contemplação, as quais são igualmente registradas na máquina neutra e objetiva.

Assim, o cientista empírico está certo de que o eletroencefalograma não dirá que esse quarto estado de consciência é mais real (ou está mostrando realidades mais elevadas) do que os outros estados. Mas o eletroencefalograma também não dirá que a vigília é mais real do que o sonho ou que a compaixão é melhor do que o assassinato. Se os cientistas empíricos sustentarem que a vigília é mais real do que o sonho, ou a compaixão melhor do que o assassinato, ou a tolerância melhor do que o preconceito, então eles também terão de aceitar a possibilidade de que o estado meditativo é uma abertura para o Divino ainda mais real do que a vigília, pois isso é exatamente o que está anunciado de forma subjetiva em todos esses casos.

E eles podem de fato *verificar (ou refutar) aquela asserção usando a ciência profunda*: isto é, tomar a injunção ou paradigma da meditação; coletar os dados, a experiência direta, as apreensões que são reveladas pela injunção; comparar e contrastar os dados resultantes com aqueles de outras pessoas que completaram as duas primeiras linhas. (Aqueles que recusarem essa injunção simplesmente não poderão opinar sobre a verdade da proposição, como os clérigos que se recusaram a olhar pelo telescópio de Galileu não tinham competência para formar uma opinião sobre a existência das luas de Júpiter.)

Entre os que aceitaram a injunção, existe o consenso de que, nesse quarto estado de consciência, qualidades, percepções e liberdades geralmente caracterizadas como "espirituais" vêm à baila cada vez com mais freqüência. Um sentido expandido do eu, de consciência, compaixão, amor, solicitude, responsabilidade e cuidado tende, gradual mas insistentemente, a penetrar na percepção. (Essas afirmações também podem e, de fato, estiveram sujeitas a testes empíricos e fenomenológicos. Ver em *The Eye of Spirit* um resumo dessa pesquisa.)

Em suma, parece que os próprios contornos do Divino começam a se manifestar mais clara e intensamente através desse quarto estado de consciência. Subjetivamente, ele é sentido como uma intensificação exatamente dessas qualidades em geral denominadas "espirituais" (que vai da consciência ao amor e compaixão), enquanto objetivamente ele registra um conjunto distinto de alterações fisiológicas no organismo, inclusive nos padrões das ondas cerebrais.

Quanto ao próprio estado meditativo, pesquisas recentes começaram a revelar numerosos níveis ou subníveis dele, cada um dos quais com um padrão distinto nas ondas cerebrais (ou outros correlatos empíricos). Novamente usarei apenas dois estados meditativos, chamados tradicionalmente de "*savikalpa samadhi*" e "*nirvikalpa samadhi*".

Savikalpa é "meditação com forma" e *nirvikalpa* é "meditação informe". O *savikalpa* produz, *subjetivamente*, várias demonstrações de iluminação arquetípica, estados expandidos de amor e compaixão, profundamente sentidos, e profunda motivação para servir aos outros; *objetivamente* tende a ocorrer, entre outras coisas, uma sincronização dos hemisférios cerebrais.

O *nirvikalpa* produz, *subjetivamente*, uma cessação completa de toda atividade mental, uma consciência radicalmente informe, que, ao mesmo tempo, é sentida como uma imensa, até mesmo infinita, liberdade e existência ilimitada, o grande Abismo ou Vazio do qual emerge toda manifestação; *objetivamente*, tendem a ocorrer mudanças espetaculares no organismo empírico, das quais a mais espantosa é a ocorrência, por vezes, da cessação quase completa das ondas cerebrais alfa, beta e teta, mas com um grande aumento das ondas delta, geralmente associadas apenas com sono profundo e sem sonhos, exceto que, neste caso, o sujeito está acordado e completamente alerta.

Portanto, quando falamos de *níveis da ciência sensório-empírica*, estamos pensando em níveis dos interiores (vistos com o olho da mente ou com o olho da contemplação), quando eles registram o mundo objetivo e exterior (visto com o olho da carne ou suas extensões, isto é, visto pela moderna ciência empírica). Estamos nos referindo aos correlatos do Lado Direito dos mundos do Lado Esquerdo, exatamente porque todos os hólons, sem exceção, possuem dimensões tanto do Lado Esquerdo quanto do Direito.

A ciência objetiva, portanto, é uma das dimensões mais importantes de cada nível na Grande Holarquia do Ser. A ciência é o exterior do Espírito, a Verdade objetiva do Espírito, a superfície do Espírito quando esta se expressa em todos os níveis de sua própria manifestação. A ciência é o ELE do Espírito.

As Faces do Espírito

Vimos que cada nível vertical da Grande Holarquia tem quatro dimensões horizontais, ou quadrantes — intencional, comportamental, cultural e social — ou simplesmente as Três Grandes da arte, moral e ciência; o Belo, o Bem e a Verdade; o EU, o NÓS e o ELE.

O Bem, a Verdade e o Belo, portanto, são simplesmente as faces do Espírito quando este brilha sobre o mundo. O Espírito, visto subjetivamente, é o Belo, o EU do Espírito. O Espírito visto intersubjetivamente é o Bem, o NÓS do Espírito. E o Espírito visto objetivamente é a Verdade, o ELE do Espírito.

Por todos os tempos, desde o começo, o Bem, a Verdade e o Belo eram murmúrios do Espírito, falando para nós das profundezas do nosso próprio ser, chamando-os da essência do nosso próprio estado, uma voz sussurrante que sempre diz: "Amem até o infinito e estarei lá, amem pela eternidade e estarei lá, amem até os confins ilimitados do Cosmo e lhes serei revelado."

E sempre que pararmos, entrarmos na quietude e repousarmos no silêncio total, poderemos ouvir essa voz murmurante que ainda nos chama: "Jamais se esqueçam do Bem, jamais se esqueçam da Verdade e jamais se esqueçam do Belo, pois essas são as faces de seu próprio Eu, reveladas livremente."

15

A Agenda Integral

SE CONSEGUIMOS ENCONTRAR UMA FORMA de integrar a Grande Holarquia do Ser com as diferenciações da modernidade, e assim integrar a religião pré-moderna com a ciência moderna, resta perguntar o que virá em seguida.

O Contrato Pré-Nupcial

Vimos que as três linhas da ciência profunda (injunção, apreensão, confirmação; ou paradigma, dados, possibilidade de contestação) não se aplicam apenas à experiência exterior; elas são os meios pelos quais decidimos se uma determinada experiência interior transmite conhecimento e conteúdo cognitivo genuínos, ou se é apenas uma escolha alucinatória, dogmática, falsificada, idiossincrásica ou pessoal. Toda experiência interior que seja aprovada no teste da ciência profunda pode ser encarada, provisoriamente, como um *conhecimento genuíno*, ou seja, ela nos diz algo *real*, algo *verdadeiro*, sobre os contornos do Cosmo.

Embora muitas das asseverações das religiões pré-modernas não passem no teste da ciência profunda — e portanto devem, nesse ponto, ser consideradas dogmáticas, não-verificáveis ou forjadas —, não obstante a essência esotérica das religiões pré-modernas consiste, não numa série de crenças míticas e incontestáveis, mas sim numa série de práticas contemplativas, verdadeiras experiências interiores da consciência baseadas na experiência direta. Yoga, *zazen*, *shikan-taza*, *satsang*, oração contemplativa, *zikr*, *daven*, *tai-chi*; essas não são crenças, são injunções, exemplares, práticas, paradigmas.

Assim, o zen e as grandes tradições contemplativas são, em todos os sentidos, uma profunda ciência dos interiores espirituais e concluíram universalmente que existem *níveis de experiência interior*. Esses níveis de consciência constituem-se, é claro, na Grande Cadeia do Ser. As crenças míticas específicas variam drasticamente de religião para religião, e é quase impossível construir uma teologia universal baseada nesses mitos, em geral completamente diferentes. Mas a Grande Holarquia, de uma forma ou de outra, é a estrutura comum exclusiva encontrada virtualmente em todas as grandes religiões pré-modernas e portanto é a própria Grande Cadeia que deve ser incluída nessa integração há tanto almejada.

É exatamente aqui que as várias religiões devem concentrar seus esforços e fazer suas próprias concessões modestas. Todas as religiões do mundo terão *de incluir na mesma categoria suas crenças míticas*, como, por exemplo, a de que Moisés abriu o Mar Vermelho ou que Lao Tsé nasceu com novecentos anos de idade. Não estou pedindo que os fiéis mais fundamentalmente orientados rejeitem essas crenças, apenas que as deixem de lado por alguns momentos. Pois está bem claro que não podemos ter nenhum tipo de integração da moderna ciência com essas crenças especificamente míticas. De fato, não temos nenhum território comum entre as próprias religiões do mundo que seja baseado em crenças míticas. Pois, como dizíamos, os mitos diferem tanto nos pormenores e no conteúdo que, se um entre dez mil mitos estiver correto, os outros novecentos e noventa e nove estarão completamente errados. Não há meio de se chegar a um consenso.

Em vez disso, cada religião precisa se concentrar naqueles aspectos de sua tradição que foram revelados por sua própria ciência dos interiores, quer seja a oração contemplativa de Santa Tereza de Ávila, o yoga de Patanjali, a busca da visão do xamanismo da tundra, o *zikr* de Rumi, a auto-inquirição de Sri Ramana Maharshi, o *shikan-taza* do Bodhidharma, a contemplação de Isaac de Akko ou a meditação de Lady Tsogyal e Padmasambhava, para citar apenas alguns.

Resumimos todas as ciências interiores ao afirmar que elas apontam universalmente para o Grande Ninho do Ser, do corpo, mente, alma sutil ao espírito causal, ou por qual outro nome sejam conhecidos.

Cada religião pode, com um certo incômodo, olhar para a Grande Cadeia de sua própria tradição e, temporariamente, deixar de lado as suas crenças específicas, exclusivas, dogmáticas e míticas. Essas crenças podem ser verdadeiras ou não, mas, até agora, não conseguiram passar no teste da ciência profunda. Portanto, elas não são algo que a própria ciência profunda (restrita ou ampla) aceite como conhecimento válido e, assim, elas não poderiam fazer parte de qualquer casamento que possa ser aceito pela ciência.

Mas as ciências profundas dos domínios interiores, reveladas pelos dados e evidências experimentais diretos, evocadas por injunções reproduzíveis e abertas à confirmação ou rejeição por uma comunidade adequada à essência das grandes tradições de sabedoria e ao âmago da Grande Cadeia, e essas ciências profundas dos interiores espirituais são exatamente o conhecimento genuíno que a religião, mantendo erguida a sua cabeça, pode trazer para o terreno da integração.

A própria Grande Holarquia é mais do que capaz de iniciar as conversações e servir de âncora para qualquer integração. *Combinada com as diferenciações da modernidade e submetida aos testes da ciência profunda*, a Grande Cadeia e sua validade recém-descoberta podem ser a base necessária para qualquer religião, e nessa estrutura podem ser colocadas quaisquer crenças míticas que essas religiões desejarem, contanto que não esperem reconhecimento por parte de nenhuma forma de ciência ou por qualquer outra religião.

Ao mesmo tempo, isso não significa que perderemos todas as diferenças religiosas e cor local para cair numa espiritualidade homogênea e uniforme da Nova Era. A Grande Cadeia é simplesmente a estrutura de qualquer abordagem individual do Divino, e para esse esqueleto cada pessoa e cada religião levará a carne, os ossos, as entranhas e a glória adequados. A maioria das religiões continuará a proporcionar sacramentos, conforto e mitos (e outras consolações translativas ou horizontais), além das práticas genuinamente transformadoras da contemplação vertical. Nada disso precisa ser mudado radicalmente em nenhuma religião, embora deva ser colocado num contexto mais amplo, em que ela não exija mais que os seus mitos sejam os únicos a serem aceitos no mundo.

Evolução

A religião também terá de ajustar a sua atitude para com a evolução em geral. Acredito que, ao contrário do que parece, essa seja uma adaptação *modesta*, pois a própria Grande Cadeia é totalmente compatível com uma visão evolutiva. Como já foi dito muitas vezes, a evolução nada mais é que a Grande Cadeia *temporalizada*. Ou seja, se olharmos para a Grande Holarquia tradicionalmente apresentada por Plotino ou Aurobindo, por exemplo (Tabela 2-1), torna-se evidente que os *níveis da Grande Cadeia* são, na verdade, alguns dos *principais estádios da evolução*. Como podemos ver na Figura 5-1, a ciência afirma que o universo evoluiu de matéria a sensações (em organismos neurais), a percepções (com o surgimento do cordão neural), a impulsos (nos répteis), a imagens (nos mamíferos), a conceitos (nos seres humanos). E esses são exatamente os níveis iniciais da própria Grande Cadeia. Como apontaram os Idealistas, a Grande Cadeia não é dada de uma vez, ela se desenrola (ou evolui) ao longo do tempo; e os estádios da evolução oferecidos pelos cientistas correspondem aos estádios propostos pelos teóricos da Grande Cadeia.

Assim, se as religiões deixarem de lado suas crenças míticas e se concentrarem em seu âmago esotérico (a Grande Cadeia), a aceitação da evolução será de fato um ajustamento modesto. Na verdade, Aurobindo já conduziu o Vedanta (e toda a gama da filosofia indiana) a um acordo sobre a evolução. Abraham Isaac Kook apontou que: "A teoria da evolução concorda melhor com os segredos da Cabala do que qualquer outra teoria." Os grandes Idealistas já abriram o caminho para uma espiritualidade evolucionária. E o próprio Papa também não declarou que "A evolução é mais do que uma hipótese"?

O que torna difícil para algumas religiões chegar a um acordo com a evolução não é apenas a sua dependência de crenças míticas dogmáticas, mas também o compromisso que têm com uma visão retrorromântica. Esse ponto de vista confunde as diferenciações (e a dignidade) da modernidade com as dissociações (e o desastre) da modernidade, e assim vêem na modernidade apenas uma dessacralização antiespiritual e anti-religiosa do mundo, em que o Ocidente moderno se compara ao Grande Satã.

Mas, como vimos, o Ocidente moderno é na verdade uma forte combinação de novidades boas e más. O eu ou *sujeito* da racionalidade era mais *profundo* do que o sujeito ou eu da mitologia (isto é, o eu mental-egótico tem *mais profundidade* do que o eu mitológico, pois ele transcende e contém o essencial do seu predecessor). Todavia, e apenas devido ao colapso do Cosmo, o *objeto* da racionalidade (que estava confinado à planície sensório-motora) era bem menos profundo do que o objeto da mitologia (que era a ordem divina, por mais crua ou antropomorficamente que fosse pintada). Portanto, *um sujeito bem mais profundo limitou a sua atenção a um objeto muito mais superficial*. E assim podemos resumir a combinação da dignidade e desastre que se constitui no paradoxo da modernidade: um sujeito profundo num mundo superficial.

Mas todas as variedades de retrorromantismo imaginam que a própria era mitológica continha sujeitos profundos que foram subseqüentemente perdidos e que deviam ser recuperados (numa forma "madura"). Esse erro essencial que reside no fundo do Romantismo garante que ele e seus aliados, sem perceber que não existe futuro no passado, estarão sempre em desacordo com o impulso geral da própria evolução. Enquanto uma religião propuser uma aliança com um Éden mítico num sentido real, ela terá dificuldades insuperáveis para participar da integração entre a moderna ciência e a espiritualidade.

A visão evolutiva ou desenvolvimentista simplesmente não elogia uma época para condenar outra. Ao contrário, cada época, cada era, cada estádio de evolução cultural traz consigo verdades importantes, percepções valiosas e revelações profundas. A visão evolutiva ou desenvolvimentista em geral, exatamente porque transcende e inclui as importantes verdades de cada um dos seus estádios, leva consigo todas as verdades valiosas, envolvidas em seu próprio abraço e, assim, respeita e incorpora mais verdades do que qualquer uma das alternativas. Isso significa que uma visão evolutiva é o veículo mais adequado para uma posição realmente integrante, ampliando um abraço que, sob qualquer outra denominação, é genuinamente compassivo. E se quisermos evitar toda e qualquer patologia, essas verdades deverão ser incluídas nos estádios seguintes da evolução. Cada estádio é verdadeiro, cada estádio subseqüente é "mais verdadeiro" ainda: ele contém as verdades prévias e adiciona as suas próprias, emergentes e novas, assim incluindo e transcendendo seus predecessores.

Isso não é algo elitista e não dá motivos para que qualquer época (inclusive a nossa) se considere privilegiada, pois também ela está destinada a passar, ser transcendida e incluída no abraço maior do amanhã. Todos nós somos o alimento do amanhã. Assim, uma visão desenvolvimentista e evolutiva não apenas cede generosamente suas próprias verdades importantes a cada período, como também dá ao presente a sua própria humildade apropriada.

Pesquisa da Ciência Profunda

Uma das mais importantes ordens do dia para essa visão integrada é aquilo que podemos chamar de abordagem à pesquisa de "todos os níveis e de todos os quadrantes". Essa pesquisa *tentaria investigar os vários fenômenos em cada um dos quatro quadrantes* — estados subjetivos, comportamento objetivo, estruturas intersubjetivas e sistemas inter-objetivos — *e correlacioná-los entre si*, sem tentar reduzi-los aos demais. Essa abordagem integral é uma harmonização das ciências amplas de todos os níveis em cada um dos quadrantes: e portanto de "todos os níveis e todos os quadrantes". Para mostrar o que estaria envolvido, darei alguns exemplos relacionados especificamente ao crescimento psicológico e espiritual.

Mencionei anteriormente que a evolução, em geral, nada mais é do que a Grande Cadeia temporalizada. Se tomarmos novamente Plotino e Aurobindo como exemplos representativos (ver Tabela 2-1), notamos que a evolução, até aqui, se desenrolou nos três primeiros quartos da Grande Cadeia, da matéria à função vital, da sensação à percepção, das emoções às imagens, dos conceitos à *formop* e à visão lógica. Mas, e quanto ao quarto superior, dos estádios acima da razão? E quanto ao sutil e causal, à Mente-além e à Mente-superior? Se a evolução se desenrolou nos primeiros três quartos, não se pode acreditar que ela se dará, finalmente, no quarto superior também? E que, portanto, os níveis da alma e Espírito, Mente-além e Mente-superior não estão no nosso passado coletivo, mas no nosso futuro coletivo? E que a verdadeira religião, longe de ser uma força reacionária lamentando o passado perdido, se tornaria, pela primeira vez na História, a vanguarda de uma força progressiva, liberal e evolucionária?

Essa foi uma das percepções básicas do Idealismo e, até agora, há boas razões para supor que possa ser verdadeira. E, sem dúvida, foi um dos grandes apelos do padre Teilhard de Chardin, cuja noção do ponto Ômega (da consciência de Cristo) como futuro pólo atrativo para a presente evolução — noção tirada de Schelling e Hegel — libertou muitos cristãos da impossível crença mítica em um jardim do Éden literal e na fixação mórbida (último desejo dos românticos) num passado extinto há muito. Da mesma forma, essa idéia está por trás da extraordinária yoga integral de Sri Aurobindo, sem dúvida o maior teórico da evolução espiritual.

Caso se comprove que a evolução futura esteja num processo de revelação coletiva dos estádios ainda mais elevados da Grande Cadeia, como já fez com os inferiores, ela daria à religião real, à espiritualidade genuína e às profundas ciências do interior um papel inédito como vanguarda da evolução, o cume do organismo universal que cresce na direção de seu potencial mais elevado, isto é, a permanente compreensão e realização do Espírito.

Esses são temas grandiosos. Embora algumas evidências sugiram que esses temas sejam, pelo menos, uma possibilidade genuína (ver *Up from Eden*), desejo concentrar-me aqui no crescimento e evolução *individuais*, pois já podemos fazer algumas pesquisas profundas e diretas nesse sentido. Ou seja, *já podemos pesquisar os estádios mais elevados do crescimento e do desenvolvimento individuais*, ou seja, os estádios superiores do crescimento moral, cognitivo, afetivo e interpessoal — usando, é claro, a ciência profunda do quadrante Esquerdo Superior.

De fato, um grande número de pesquisas ortodoxas tem sido feito em cada um desses domínios, evidenciado em relatórios pioneiros como *Higher Stages of Human Development* (Alexander e Langer), *Transcendence and Mature Thought in Adulthood*

(Miller e Cook-Greuter), *The Future of the Body* (Michael Murphy) e *Beyond Formal Operations* (Commons, Richards e Armon) e resumidos em *A Brief History of Everything*.

A conclusão de todas essas pesquisas, como vimos no capítulo anterior, é que existem de fato grandes estádios de desenvolvimento além dos estádios formal-racionais — estádios superiores de desenvolvimento cognitivo, afetivo e moral, entre outros. Em outras palavras, o que temos aqui é a *ciência profunda dos estádios superiores do desenvolvimento ou evolução no quadrante Esquerdo Superior*.

O que falta fazer é começar a relacionar esses dados com as simultâneas e *correspondentes mudanças nos outros quadrantes* e assim gerar uma visão integral de "todos os níveis, todos os quadrantes". Por exemplo, o que acontece aos níveis da fisiologia do cérebro, dos neurotransmissores e do próprio corpo orgânico quando o indivíduo passa por esses estádios superiores de desenvolvimento? Que tipos de visão de mundo se originam desses estádios? Como essas visões de mundo mais elevadas afetam as nossas instituições políticas, sociais e culturais? Se esses estádios superiores são na realidade estádios de nossos próprios potenciais maiores, que tipo de técnicas integrais poderiam facilitar esse crescimento evolucionário? Como os estádios superiores de crescimento afetam as nossas instituições democráticas, nossas políticas educacionais e nossa economia? Como esse desenvolvimento superior altera a prática da medicina? E das leis? E do governo? E da política?

Em resumo, *como esses estádios de nossa evolução superior se manifestarão em todos os quadrantes?* Quais tipos mais elevados de arte, ciência e moral nos esperam? E o que poderemos fazer a respeito agora?

Consciência Política

Essas são apenas algumas das perguntas que podemos fazer e, talvez, começar a responder com uma visão realmente integrativa. O que pretendo ressaltar aqui é que essa *abordagem integral*, ou de "todos os níveis, todos os quadrantes", é o resultado direto da harmonização da religião pré-moderna (todos os níveis), com as diferenciações da modernidade (todos os quadrantes). E essa abordagem integral nos leva a perceber que toda e qualquer integração entre ciência e religião será bem mais do que isso.

Por exemplo, o que costuma faltar em todas as tentativas para integrar ciência e religião é uma profunda discussão de suas dimensões políticas. Pois a ciência moderna faz parte do Iluminismo liberal e das diferenciações da modernidade, as quais promoveram o surgimento das democracias representativas, dos direitos humanos universais e das idéias de liberdade e igualdade para todos os indivíduos. O que, por sua vez, levou a tudo mais, desde a abolição da escravatura ao feminismo. A ciência moderna era uma parte integrante desse espaço mundial diferenciado, no qual surgiram as liberdades, valores e direitos. Assim, falar genuína e profundamente sobre a integração da ciência com a religião é o mesmo que falar, mais cedo ou mais tarde, sobre política.

A essência do Iluminismo liberal era a asserção de que *o Estado não tem o direito de legislar ou promover nenhuma versão particular de uma vida de bem*. Isso pode ser formulado de diferentes maneiras: o Estado não pode legislar sobre a moralidade; existe uma separação entre a Igreja e o Estado; o indivíduo tem o direito de decidir o que constitui a sua felicidade, pelo menos enquanto não violar o direito dos outros; o Estado não pode interferir indevidamente na vida privada de uma pessoa. Essas liberdades extraordinárias — produto da diferenciação do EU e do NÓS — faziam parte da grande dignidade da modernidade, da qual a ciência moderna era um aspecto *inseparável*.

É por isso que grande parte do discurso sobre o "novo paradigma" é tão impertinente. As desdiferenciações recomendadas pelas versões retrorromânticas, caso fossem implantadas, eliminariam essas liberdades e dignidades. Nas versões da teoria da complexidade, a dimensão política é simplesmente ignorada (porque a ciência monológica trata apenas dos ELES, não dos EUS e NÓS, e, portanto, esses "novos paradigmas" não têm nada para contribuir com a política). Nas versões da "sociedade quântica", o político e o dialógico são rudemente reduzidos ao monológico, dessa maneira devastando precisamente aquilo que afirma curar.

Caso desejemos uma verdadeira integração da ciência moderna com a religião pré-moderna deveremos ter uma dimensão política entrelaçada na sua trama. E, da mesma forma que a integração da ciência moderna com a religião pré-moderna realmente envolve a integração das diferenciações da modernidade com a Grande Cadeia do Ser, a integração política entre modernidade e pré-modernidade teria de envolver a integração do Iluminismo ocidental com o Iluminismo oriental.

O Iluminismo oriental quer dizer simplesmente *qualquer experiência espiritual genuína*, quer seja oriental ou ocidental. Significa apenas que as tradições orientais demonstraram uma confiança maior na ciência profunda do interior, tornada famosa pela iluminação do Gautama Buda sob a árvore Bodhi, por volta do século VI a.C. Mas qualquer percepção espiritual direta — do Oriente ou do Ocidente, do hemisfério norte ou sul — conforme os ensinamentos da ciência profunda poderia também servir de exemplo (Plotino, Eckhart, Catarina de Siena, al-Hallaj, Santa Tereza, Boehme, Rumi, Santo Agostinho, Orígenes, Hildegarda, Baal Shem Tov, Dame Julian, etc.).

O Iluminismo espiritual é, pelo consenso quase unânime das ciências superiores, o *summum bonum* da vida do Bem. E todavia, pelos ensinamentos do Iluminismo ocidental, que também deve ser preservado, o Estado não pode, de nenhuma forma, advogar ou legislar em favor do Iluminismo espiritual. O Estado precisa ficar fora dessa história de legislar publicamente a vida do Bem, que pertence à esfera privada da escolha do próprio indivíduo.

A única maneira possível de integrar essas duas exigências é perceber que o *summum bonum* da vida do Bem não reside nisso, mas no outro lado, o do liberalismo político do Iluminismo. Ou seja, a consciência espiritual ou transracional é uma consciência *transliberal* e não *pré*-liberal. Ela *não é reacionária e regressiva*, e sim *evolucionária* e *progressiva* ("progressivo" é um dos sinônimos mais comuns para "liberal").

Portanto, a genuína experiência espiritual (ou Iluminismo espiritual), como se revela na arena política, não é uma crença mítica pré-racional — a qual quase que coage os outros a crerem também, quer essa crença seja em Deus ou na Deusa, no patriarcado ou matriarcado, na Gaia ou em outra coisa qualquer; mas antes uma percepção transracional, que, *edificando-se sobre os ganhos da racionalidade liberal e liberalismo político*, estende essas liberdades da esfera política à esfera espiritual.

Assim, a percepção espiritual ou transracional aceita os princípios do liberalismo político racional (e não do reacionarismo mítico pré-racional), e então, dentro dessas liberdades, busca o Iluminismo espiritual em seu próprio caso; e, através dos poderes da advocacia e do exemplo, encoraja outros a utilizarem a sua liberdade liberal — o Iluminismo ocidental — para buscarem a liberdade espiritual — o Iluminismo oriental.

Podemos dizer que o resultado é um Espírito, um Deus, uma Deusa liberais. Essa posição concorda com o *liberalismo tradicional* em que o Estado não deve legislar sobre a vida do Bem. Mas com o *conservadorismo tradicional*, essa posição coloca o Espírito, e todas as suas manifestações, no próprio coração da vida do Bem, a qual, portanto, inclui as relações em todos os domínios, da família, comunidade, nação, globo, Cosmo, até o próprio Coração do Cosmo, também conhecido como Deus.

(O conservadorismo tradicional se baseia, de muitas maneiras importantes, em visões de mundo pré-modernas — da religião mítica ao humanismo cívico —, enquanto que o liberalismo se apóia principalmente nas diferenciações racionais da modernidade. Assim, a integração da religião pré-moderna com as diferenciações da modernidade abririam a possibilidade de uma reconciliação significativa dos pontos de vista conservador e liberal. Para aprofundamento desse tema ver *The Eye of Spirit*.)

Esta é uma "política de significado", para ser mais exato, mas um significado transliberal e não pré-liberal. Ela não deriva de tentativas reacionárias e regressivas de ordenar aos outros que tipo de mitologia eles devem buscar. Ela não insiste em que a transformação do mundo repouse na aceitação do seu paradigma. Ela não tenta curar os fragmentos matando os contendores. Ela não pede ao Estado que apóie ou defenda a sua opinião. Ela não percorre nenhuma dessas vias pré-liberais.

Em vez disso, ao se posicionar *dentro* da liberdade política, ou seja, a liberdade liberal, proporcionada pelo Iluminismo ocidental, a percepção transracional caminha para o seu próprio estado superior ao buscar o Iluminismo espiritual, o qual depois ela oferece, dentro da mesma liberdade política, a todos os que desejam ser libertados das cadeias de espaço e tempo, ego e sofrimento, esperança e medo, morte e assombro. Em seu próprio descobrimento espiritual ela é totalmente transliberal, reunindo o Iluminismo oriental com o Iluminismo ocidental.

É claro que ambos os Iluminismos devem ser preservados, pois ambos oferecem liberdades que a evolução levou bilhões de anos para desenvolver. Os dois Iluminismos falam aos corações mais bondosos, almas mais elevadas e destinos mais profundos de uma humanidade comum. Ambos apelam para o que temos de melhor e para o mais nobre em que podemos nos transformar. Ambos os Iluminismos tomados em conjunto apontam para a libertação de todos os seres, tanto no reino temporal (Iluminismo ocidental) como no reino atemporal (Iluminismo oriental), tecendo juntos a liberdade política e espiritual como a urdidura e a trama de uma cultura solícita.

Como poderemos falar de uma paz mundial sem que ambas essas liberdades estejam à disposição de todos? Como pode alguém ser profundamente feliz sem que essas liberdades brilhem no rosto de todos os filhos do Espírito? Será que algum de nós pode realmente dormir sabendo que nem todas as almas estão livres em todo esse vasto espaço? Como ousamos orar por nós mesmos sem rezar por todos? E será que algum de nós pode ser realmente livre antes que todos os seres, sem exceção, compartilhem dessa emancipação?

E talvez, com a liberdade política reunida à liberdade espiritual, o temporal unido ao atemporal, o espaço junto com o infinito, finalmente cheguemos ao repouso, à paz, a um lar que estruture a solicitude no Cosmo e a compaixão no mundo, que toca todas as almas com a graça, a bondade e a boa vontade e ilumine cada ser com uma glória que jamais se apaga ou falha. E nós, você e eu, somos chamados pela voz do Bem, pela voz da Verdade e pela voz do Belo, somos chamados exatamente nesses termos, para testemunhar a libertação de todos os seres sensíveis, sem exceção.

E no horizonte distante, silenciosa e perdida, gentil como a neblina, quieta como as lágrimas, a voz continua a chamar.

Leituras Complementares

Caso o leitor deseje aprofundar os tópicos levantados neste livro, poderá começar com o meu *A Brief History of Everything* e depois com *The Eye of Spirit: An Integral Vision for a World Gone Slightly Mad*.* Esses livros contêm muitas referências a outras obras significativas nessa área e os leitores interessados podem seguir essas diretrizes como quiserem.

Fontes

Capítulo 3: F. Crews, "In the Big House of Theory", *The New York Review of Books*, 29 de maio de 1986. T. Kuhn, *The Structure of Scientific Revolutions*, 2ª edição I. Hacking, "Science Turned Upside Down", *The New York Review of Books*, 27 de fevereiro de 1986. B. Barnes, *T. S. Kuhn and Social Science* (Nova York: Macmillan). D. Hoy, *The Critical Circle* (Berkeley: University of California Press, 1978). E. Gellner, "The Paradox in Paradigms", *Times Literary Supplement*, 23 de abril de 1982.

Capítulo 7: Todas as citações são de C. Taylor, *Hegel* (Cambridge, Mass.: Harvard University Press, 1975). (Ver *Sex, Ecology, Spirituality* para uma discussão mais ampla.)

Capítulo 9: R. Alter, "Review of *The Tunnel* por William H. Gass", *The New Republic*, 27 de março de 1995.

Capítulo 14: Todas as citações são de R. Lipsey, *An Art of Our Own* (Boston: Shambhala, 1988). Para maiores discussões da teoria da arte e literatura a partir de uma perspectiva integral, ver *The Eye of Spirit*, capítulos 4 e 5.

Capítulo 15: D. Matt, *The Essential Kabbalah* (São Francisco: HarperSanFrancisco, 1995). Para uma discussão mais detalhada da agenda de pesquisa de "todos os níveis, todos os quadrantes" — e para as respostas sugeridas por mim às questões levantadas na seção "Pesquisa da ciência profunda" — ver *A Brief History of Everything* e *The Eye of Spirit*.

---

* *O Olho do Espírito — Uma Visão Integral para um Mundo que Ficou Ligeiramente Louco*, publicado pela Editora Cultrix, São Paulo, 2001.

Impressão e Acabamento
assahi
gráfica e editora ltda.